U0141991

文學叢刊之四十四

羅門散文精選

羅門著

文史哲出版社印行

國立中央圖書館出版品預行編目資料

羅門散文精選／羅門著.--初版.--臺北市：文史哲，民82
面；　公分，(文學叢刊；44)
ISBN 957-547-832-9 (平裝).

855.4　　　　82009599

文學叢刊 ㊹

羅門散文精選

著者：羅門
出版者：文史哲出版社
登記證字號：行政院新聞局局版臺業字五三三七號
發行人：彭正雄
發行所：文史哲出版社
印刷者：文史哲出版社
臺北市羅斯福路一段七十二巷四號
郵撥〇五一二八八一二彭正雄帳戶
電話：三五一一〇二八

定價新臺幣三二〇元

中華民國八十二年十二月初版

ISBN 957-15-547-832-9

羅門散文精選目錄

附錄

●序●

詩之外的創作空間

——寫在第一本散文集出版

散文是文學中不同於詩與小說的一種創作形態。我曾在文章中喻說：詩像是長有想像翅膀能飛到N度立體無限空間裡去的「飛機」，小說往往像是載滿事件、情節、經常要穿入鬧區、大街小巷去上下貨的「十輪大卡車」，也常留下許多現實可見的輪印，不太能一直開很帥的快車，更難像「飛機」般飛起來；而散文則像是很瀟灑的奔馳在語言高速公路上的似飛並沒有飛起來的「跑天下」。

四十年來，我特別集中注意力在詩創作方面，那是覺得詩比較能使言語更富意涵，更趨於精簡、精銳、精密、精深、精緻、精純和精美，同時能使語言很快進入一切「美」的核心去工作；而且能使精神思想很快地到達「美」的巔峯世界。所以詩對我具有較大的吸引力。我甚至寫詩評、詩論與藝評，都常使用詩的思考力與詩的語法。

雖然我偶而也寫些散文，但數量較少，比不上我寫的詩論與藝評多。雖然我也想多寫，但人的一生畢竟太短，時間不可能容許一個人把每一樣事情都做得很好。所以當我將創作的主導向與最愛，放在詩，則寫散文與論文，便自然成爲我詩創作外的關係工作了，當然仍照樣付出時間與心力。由於散文評論家鄭明娳教授的建議，我覺得來彙編自己的第一本散文集，仍是具有個人文學創作的部份歷史意義的，於是這本書的出版構想，便決定了下來。

第一本散文出版，總難免有些感想與要說的話。

首先我要說的，是我在文學創作類型中，雖選中詩，但也認定散文創作的存在價值，無論西方評論家如何看待散文，諾貝爾獎也好像沒有頒過散文作家。然而我仍覺得散文確有它的存在地位。尤其是在目前的情形，高速資訊與影像佔優勢的生存空間，看小說，時間太長；詩雖短，但不易了解；倒是散文有緩衝與較大的存在空間，而且當我們把整個文學生命的造型，也看成一座「山」的型構，或許我們會把「山頂」劃給詩；「山腰」劃給散文；接近地面的「山脚」劃給小說。但它們之間的存在，仍是相通連的。詩在「山頂」，可打「穿越球」到「山腰」與「山脚」來；屠格涅夫的散文，卡夫卡與海明威等人的小說，也可借助詩的想像力與昇越力，從「山腰」與「山脚」打「高吊球」到「山頂」來。可見詩、散文與小說在文學創作的世界裡，都有其可大可小的存在空間，同時在運作中彼此間也埋藏有互惠與互通的管道。

既如此，我寫詩論與藝評時，都常使用到詩的思考力與語法，則寫散文便更無法避免了。所以這本散文集，參入詩的質素是可見的。同時由於任何文學與藝術的創作，都往往在追求表現上的滿足，加強作品多方面的疊景與內涵力。因此我在散文創作中，除了注入詩素及哲思與論文的知性批判，也例外嘗試擴大企圖把小說性、戲劇性與報導性的事件、情節等抒寫，全納入散文的表現層面，這可從我「長期受着審判的人」與「詩的追踪」等篇，看到類似的情形。而前一篇散文，寫在廿年前（收入六十三年我出版的「長期受着審判的人」一書裡），現在重讀，看到其中幾乎全動用了詩、小說、評論、哲學、乃至戲劇與報導等文類的因素，確是一件有趣的事。因爲這幾年來，國內出現後現代引人注目的「多元」與「解構」觀念，在談到文學中的文類解構，是否也可將這篇散文，看成文類解構型的散文呢？也許可以，但在當時，尚沒有所謂「後現代」文類解構的說法。

由此，我又似乎發現到一個不但存在於詩，同樣存在於散文與任何文學中的現象，那就是從事文學中任何文類的創作者，都勢必企求在存在與變化的時空中，對文學符號與表現形式不斷進行新的詮釋、加工與包裝時，不能不把存在與變化中的「人」的生命，想進去，並從存在的深層世界，以不可擋的「穿越球」與「高吊球」球路，輸送到「前進中的永恒」位置，去同那連續在感動中的不死性的存在相處。否則，文學與藝術所製作的，會變成包裝消費性物品（非具永久生命性）的奇異與流行的包裝紙，淪爲用後便被丟的命運。

誠然，文學與藝術是意圖開放一個存在與變化的「美」的空間，讓人性、物性與神性進行着永不休止的深遠的對話，散文當然也不例外。我也不能不遵守這一最基本的遊戲規則。

最後，謝謝文史哲出版社彭正雄先生在出版事業不景氣時，出版此書；也謝謝女詩人蓉子，在「時間」上給我很大的幫助，我不必為現實忙，便更有空閒與心情去面對文學。

長期受着審判的人

「他」已日漸成為人類必須以心靈來注視的那個人

當他被上帝從產房的第一聲哭聲中，投到這個地球上來，他緊緊抓住母親的乳房，世界也像乳般流動着。他的雙目，是四月裏不為什麼而純朗與透明着的藍空；他那雙無故地揮動的小手，像撥弄着湖水的雙槳與鳥翅；他發出的聲音也無法詮譯得如鳥語……他的世界沒有阻力，光潔似一面鏡。

直至他推開吸乳瓶與洋娃娃，世界的樣子，仍是順着他高興想成什麼樣子，便成什麼樣子。騎上木馬，誰也沒有看見過像他看見過的那種曠野；當鞦韆昇起的那一刹，整個世界也跟着他昇了起來，他是摘星的少年；在鐵環滾動的聲響裏，他的生命也隨着那輕快的節奏滾動着……他邊走邊跳而且吹着口哨，但他不認識時間，也不知道什麼叫做空間。他的世界沒有阻力，光潔似一面鏡，他是那面鏡裏唯一的影像。

直至他背上書包，將臉埋在燈光與課題中，他的生命，仍然像奔流、瀉過那面光潔的岩石。就這樣，他穿越時空的那部小跑車，在沒有紅綠燈的單向快車道上，是不裝刹車的。像光奔在它自己的透明裏，像火焰順着風向燃燒，沒有阻力。直至別人將一張名片給他，他也將一張名片給對方，這種異樣的感覺，使他意識到了所謂社會這樣東西。突然間，他發覺那隻木馬死在最綠最綠的曠野上；那架韆鞦，再也昇不起那塊最藍最藍的天空。於是，他開始感到一個人肉體以外的阻力；開始將完整的自我，分割入「社會」那無限空曠的背景上，像畫家戴利在畫布上，將一切生命分割入冷漠的時空。他逐漸消失在衆多的他之間，在那面鏡上，他看到的，不再是他一個人的面孔，而是許多幌動的面孔，他的面孔在衆多的面孔之間，旋轉成他自己也來不及追認的種種流浪式的面孔。於是他常常迫着在重叠的底片上，去指認出一個人或一件東西的原來形貌；迫着去躲藏自己，迫着在談話中，尋找迎合性乃至虛僞的語言，不由自主地，他將傳達他生命形態的那些名貴的東西，諸如動作、表情、笑容、聲音等，全都抑制入那種無論是他高興或不高興的適應性之中，形成一種美麗的缺乏內容的和諧。這種必須的抑制，對於走動在他心靈深處的純然與完整的自我，確是一種沉重的負荷與阻力。由於他日漸體認到一個人的生命，只是眞實心靈活動的一種時間紀錄，如果在這一秒鐘裏，他勉强或迫着自己去做自己所不高興做的事，對於這一秒鐘時間單位裏的生命來說，便等於是空白或者說是死亡的。所以，從複雜的社會環境之阻碍中，找回且堅持住那原來的不被扭曲的眞實的自我之形象，是他必然地對人存在所發生的一種覺醒。這種覺醒，使他內在隨着時間急速的步聲，感到格外的焦灼。他必須在生命的日落時刻之前，盡量抓住那剩餘的越來越減少的歲月，依從自己的意願，去充份地生活；依從自己的意願，去向世界呈現出一己生命純美的光輝；依從自己的意願去瞭望他未來中的純正世界。

隨着這種生之强烈的渴求，他除了日漸感到複雜的社會環境，對他眞實的自我生命，所難免產生的阻力之外，詩人佛洛斯特晚年顫抖的生命，像一根弦被死神撥弄着，使他感到時間强大的阻力；海明威在小說中，將一個老人送到暴風浪的狂洋大海上去拚命與掙扎，使他感到空間强大的阻力；而幾千年來，被全人類遙望着的那條無法超越的天地線，更是一道永遠推不倒的牆。

在這層層的阻力中，他嘶喊着完整的自我，試圖將生命拼力推向絕對的自我之峯頂，渴望着一種超昇，一種飄逸，或希望甚至睡與醒成生命最初的樣子，或像童時那樣閉着眼睛猛跑，根本不認識「平交道」「紅綠燈」與「刹車」等這些東西……可是他一想起自己生活在越來越社會化以及標準化的情形下，這種奢望，連想的時間都不多了。在擁擠與飛轉的齒輪間，生命內在世界的想像之鳥，怎樣也飛不起來了，在廻旋的旋轉門之間，電梯急速的昇降之間，靈魂常不同他站在一起，他的自我也不帶臉。就這樣，生存的那雙巨手，便將他狠狠地推入機械社會的結構之中，秩序之中，制度化之中，成爲另一種生命的機件，於是他將自己的大部份生命也交給那一再重複的機械環境——重複的動作，重複的聲音，重複的步調，重複的形象，重複的生命之色彩，單調得如灰白色的病房——就這樣躺着一個是西方作家筆下所共同指着的那個空心的「人」。急救他，以白蘭地，以夜總會誘人的夜色，以避孕藥，以都市鬧區各種廣告牌上所展覽的現代文明……於是在回歸心靈深處的「眞我」與人之根源的途徑中，他便感到那種幾乎令人窒息的阻力。

一種掙脫的衝動，在他生命的裏邊，像一條醒來的河流，急急要奔回它自己原來的地方；回到那面明潔的鏡裏，回到他自己的形象與聲音之中。於是有一次，當他企圖在許多臉中，將自己的那張臉昇到只有他自己那張臉的地方，他注視着那座從千萬座建築物中昇起來的建築物，然後他爬上它的頂樓，望着這座同天國競爭着的城，望着朦朧的天地線，望着禮拜堂的尖頂，望着只有墳碑能成爲其標誌的荒漠的曠野，他在尋找一個可靠的起點與終點，尋找一條回到人眞實的生命那裏去的路……此刻，他看到一羣一羣蓬頭亂髮的人，朝着格林威治村的方向走，他便想着，他們就是奔回自己的生命原始起點的那條河嗎？是强調不被設渡口也不被航行的只留給自己任意去流的那條河嗎？或者他們是企圖從人爲的一切複雜的文明中躍出，而將生命全裸在絕對的單純與原本之中，並交還給大自然龐大的結構，再去溫習風與鳥的那種自由；或者他們是眞的要使生命流成那條明淨的清流，像「流過」莊子眼睛中的那條清流，或者他們根本什麼都不是，他們流行着的蓬頭亂髮，只是飄浮在那條「清流」表面上的泡沫……正當他被這些思潮推入那深沉的幻覺中，突然間整座城停電了，在夜裏，周圍暗得像地獄，他懸在半空裏，電梯動也不動，他像站在孤寂的絕崖上，感到無際的自由之恐懼，他此刻多麼渴望自己的那張臉能降落到衆多的臉之間，去獲得到一種關聯，於是他又被迫去想起，如果修電器與管理電器的人，都蓬頭亂髮的蹓到格林威治村去成爲他們全然自由的自己，這座城的心臟是怎樣也跳動不起來了，在此刻，整個人類文明的世界豈不成爲一停滯的死海？於是他又不可奈何了起來，發覺人的裏邊，雖有一種很大的力量，在慫恿着

「人」從現代冷酷的計算機上以及一切人爲的複雜性中，逃回純粹的自我世界那裏去；但又有另一種更大的力量將他逮捕回來，使他面臨難局，也面臨另一莊嚴的人生。因此，他必須無可奈何地將生命製作成那種悲劇性——將醒覺中的自己，毫無猶疑地向時空與現實的層層阻力中繼續推進，縱使這種不斷的探進與深入是不快的，但他是怎樣也不能轉回到生命原始的起點，或者轉回到心靈一點負荷也沒有的童時了，因爲當他一想轉回去：世界便會對他說「你已經長大了」！可是向前走，他的臉在衆多的臉中，怎樣也維持不住他一直想着的那個樣子，除非他跟着陶淵明與王維向大自然做美麗的逃亡。於是，他始終堅持與執着的心靈，所遭遇與感知到的悲劇性，更也正是促進人類的存在獲致充實與成熟之最佳力量，他也可能因此成爲那在生命深處塑造、而自時空浮昇起來的一座屬於「人」的浮彫！

民國六十二年

悲劇性的牆

『唯有在悲劇感中，才能了解偉大與永恒的眞義。』（羅門）

你曾見過只有一邊翅膀而飛的鳥嗎？你曾見過只有門裏沒有門外的門嗎？當然世界上，更不會有單面的「牆」——這是存在的一個基本的結構；人也一再被納入這個結構中。生與死，快樂與痛苦，愛與恨、希望與絕望、悲觀與樂觀、實有與虛無、永恒與短暫……便正是構成這「牆」的兩面。其實這一抽象的「牆」，我指喻的就是「人」。由於「人」，都不可能生出來，便一直從搖籃旁邊哭或笑到墳地那裏去，所以「人」註定是那道具有兩面性的「牆」。

數千年來，人類用盡心血，想對付這道悲劇性的「牆」，企圖從其相對立的兩個存在面，找出絕對優勢的一面，去壓倒另一面。可是都白費心機了。因爲世界上那裏有單面的「牆」？即使是被推倒的「牆」，我們仍能想見它那被壓住的那一面，除非它被擊碎了（人類全死了）。這就是「牆」存在的定態與宿命的悲劇性，它必須背負起存在的兩面，「人」也一樣。

將「人」喻爲那道悲劇性的「牆」，人在「人」的裏邊走，便等於在「牆」的裏邊走。

而人無論靠牆裏的那一邊走，走來走去，走了幾千年，仍是走不出那道悲劇性的「牆」。在這條無限長遠的悲劇性的「牆」裏，我們可聽見人類仍走着某些近似甚至相同的步響——它便是我們常聽見有人說某人的思想很像古代某人的思想；某人是樂觀的，某人是悲觀的，某人是虛無論者，某人是持永恒觀的，其實這些含宿命性的名詞，古代均已出現過，未來也會再出現。

的確，人類在這一近乎定態與宿命性的存在的結構裏——在那面悲劇性的「牆」裏，將兩種相對的存在力，調度過來，調度過去，頗像小孩將那堆固定的積木排叠成各種大同小異的模型。這正說明了人在內心世界（「牆」）裏追索，是永遠無法完全背棄上述那些宿命不變的東西（如生死、悲歡、苦樂、有無、永恒與短暫……）以及無法背離這些東西活動的可能範圍，因爲它們是構成人類生命基本實質與活動形態的東西。正像「魚與水與岸」的存在之結構。魚不能沒有水，魚游到岸，只有回首，路線雖不一定完全重複，但游回那已游過之地，是可能的，這現象，用來解說有人認爲，目前西方的存在思想與中國古代老莊思想有很多相近似之處，是頗爲恰當的。因而我們可斷定，在那道悲劇性的「牆」裏，人類的生命在根本上很難有全新的東西（除非人全死了）。所謂新的，那往往只是「已有過」的之增進（或以不同形態之再現）。這種增進，往往是來自時空因素，以及不凡的思想者在思考方法與語言形態上所造成的結果。

基於這種體認，我也在這面悲劇性的「牆」裏，用心靈去感應其中那許多宿命性的存在力量之衝擊。一方面從人類生命活動的現場去做深入的觀察，一方面打開詩的靈視世界，去引導與轉化那存在的一切進入美感的奧境，以便擊出存在的某些感人與眞實的迴響來。這種逃避不了的「介入」，不但關係到我內心的活動，而且也很自然地影響我在創作上，對於「詩境」之建立，我雖强調詩與藝術的純粹性，但我無法强調一個詩人與藝術家的創作生命，能純粹到不含有他的思想與精神，我更無法强調一個詩人與藝術家他能純粹到不是「人」，既是「人」，他便絕不能離開這面悲劇性的「牆」，無論他是以任何一種生存形態活着。所以我的創作，無論是「詩」的、是「論文性」的，大多迫現在這道悲劇性的「牆」裏，而且大多呈示出如此特殊的顏色與聲音：

存在永遠是一種悲劇——當我們認爲這個世界沒有絕對的東西，那我們仍在尋找什麼呢？當我們認爲這個世界有絕對的東西，選擇的本身，便永遠是痛苦的；也許有人認爲我們可超越在兩者之上，像滿腦子是禪的光頭和尙，那樣步入潔淨的空靈之境；可是世界上那會有較神境更潔淨與空靈的地方呢？姑且是那樣，則只留下神與上帝在這個世界上便夠了，何須造出那麼多皮色不同心色不同的人來呢？何須發明那麼多阻撓人類進入空靈之境的物慾文明與現實的勢利社會呢？何須創作出那許多宿命性的名詞（諸如苦、樂、悲、歡、空虛、孤寂、希望、絕望……）去指出「人」非活在那道悲劇性的「牆」裏不可呢？的確這些問題，人類問得夠多夠久且夠累了，有時問也問得不夠完全，答也答不出個結果來，而且問來問去，那些話，仍是問不出去那道悲劇性的「牆」的範圍。於是迫着我喊出：將生命推入那永恒的美的追索中，像獵人在搜索與追擊的過程中，獲得存在的滿足，何須去計較狩獵的結果呢？何須去將神父站在搖籃邊與墳邊唸的那些祝詞與讚詞，看得那麼認眞呢？當我們想起那面「牆」；想起「魚與水與岸」的宿命性的存在世界時，除了游，不斷的游，還有什麼能成爲「魚」的本體呢？當這本書，繼我的「現代人的悲劇精神與現代詩人」與「心靈訪問記」，交給印刷機過後，我默思的心靈以及放在書桌上的那枝筆，仍守望着那條一再在晨光與遠方裏波動着的「天地線」，仍一直繼續着那種不能不繼續下去的宿命性的追索。面對着這道怎樣也走不出去的悲劇性的「牆」，卽使太陽走出了天空，歲月走出了鐘面，而人仍永遠走在這道悲劇性的「牆」裏。

民國六十三年

人類存在的四大困境

「它是四面堅固的牆，也是永遠望着人類的四面鏡子」

一個X光透視師，他的工作，是誠摯地將眞象照出來，至於治療，與採取對策，那是屬於人類智慧面臨的第二步工作。

首先，容我提出一個要求，那就是當我打開內在的X光透視鏡時，凡是繞在眞實生命外表的一切遮飾物——諸如美麗的幻想、假想乃至理想等這些屬於彩色屏風式的東西，都需拿掉，只讓那眞實的本體裸在純淨的時空與上帝的眼睛中，並對準我的鏡頭。此刻，我確在移動的鏡頭裏，清楚地看到人類的精神，一直活動在下面的四大困境中：

第一個大困境：「愛慾引起的困境」

在人類情感展開的美麗的扇面上，每一個人一開始，都帶着美的夢想理想與希望，爲找到一個屬於「愛」的專一的方向，並將生命專一地對着這個方向投過去，希望抓住那「愛」的具體的核心——它就是我們所謂的夢中的愛人。當你已抓住她，她也甘願被你抓住，那的確像是船抓到了溫馨的港口。你便也因此向她獻出你最美麗的讚詞，在衆人面前與莊重的儀式中，說出你誠心的誓言。同時那情感的搜索的扇面，便也像船帆那樣，收攏成一個美麗的定點，頗像圓心睡在一個滿足的圓裏。這就是我們大家所謂的結婚與歸宿啦！當兩顆心合攏在那已合攏的情感的扇面裏，像兩扇門鎖在美妙的開關中，那些驚喜，新奇與甜蜜，以及那些帶着蜜月笑聲上昇的情感，都確是支持住彼此的生命活動，形成那歡悅的鳥道，於是飛着，飛着，飛入誰都躲不開的那種冷酷的現實中來了。那是婚後多年，一切都成了定態與重複的慣性；成爲理所當然的生活秩序；甚至成爲一種美麗的機械活動形式，與一種失去神秘感的實用呈現，迫使當初那種充滿了吸力、新奇、風趣與甜蜜的生活情景，日漸失去往昔的光彩。此刻，任何人都只能將自己或多或少地抑制入那種屬於回憶性與責任感的心態之中，對於外界的一切誘惑性，採取宿命性的態度以及種種逃避的理由。這種尷尬的現象，便是使一般人從經驗中一再體認與宣揚的那句老話「結婚是愛情的墳墓」。也就是當周圍那充滿了美的誘惑力，以超出我們想像的那種引力，企圖引開另一個新的扇面時，這種引力往往以不可阻擋的情勢，在不設防的某些時機中，冲激着人性中的好奇心與慾望，使我們感到困惑。我們如果說它不動於衷，除非我們是聖人（聖人在世界上太少了），不然便是白癡與假道學了。可是當我們從「屏風」後走出來，坦然地承認人類在本性中，永遠對一己所未擁有的那些美的一切，表示動心時，那便也是承認，在我上面所說的那個已鎖閉的情感的扇面之外，尙有另一個較之更迷人的穎新的扇面存在，等待着去打開。此刻，當我們想將它打開又不能；不打開它，又只是一種借助其他理由所造成的抑制，抑制的結果，難免造成內心的遺憾感，就因爲在圖打開它時，有一種不宜打開它的阻力在；不打開它，又有一種拚命喊着打開它的推力在，於是，便自然地形成爲內在的矛盾與衝突了，因而也帶來了困境。對付這一困境，大多數人在欺騙自己，西方人雖比較能面對眞實，但也因其導致情慾的汜濫，而使內在性靈的活動失去平衡，甚至使內心生活陷進另一種不安與動亂之中，這也顯得不妥；至於極少人，以修養或事業感來轉移它成爲不足擾亂心緒的「低調」，那也只是一種美麗的退却。然而不管採取那一種對策，這個來自眞實人性中的含有某些悲劇性的困境，仍是難於自人類生存的內在世界中解除。除非我們是能夠否定肉慾情慾，而成爲那只握住純靈上昇的神父；或者是冰凍在博物館陳列室中的維納斯石膏像；或者是完全失却感應力的白癡，否則只要我們是由血肉與心靈混合而成的具有身體的人，這個困境便也永遠或深或淺地將我們困住。

第二個困境：「囘歸純我所引起的困境」

當一個人在成長的過程中，日漸感到現實社會與都市的機械生活環境，不斷將他的「自我」扭曲與變形，甚至將他的靈魂與精神染色，他便突然醒覺到，自己已陷入凹光鏡型的世界中，失去原來的眞貌，認不出自己，人只是一個被環境塑造成的帶有適應性的生命外殼，而非連住大自然生命根源的一個有機的實體。當我們發覺人的眞我，被分割入現實社會之中，確是一種痛苦與越想越荒謬的事，可是當人想脫出，而另一種共同生存的力量，又將他逮捕回來。因爲人不可能生活在與人不發生關聯的情形下。雖然人一走入現實社會的複雜性與虛僞性中，人便感到自我被抑制與扭曲的不快，極力想逃回他的「純我」那裏去，但人一逃回他的「純我」那裏，獲得了完全的自由，他反又感到孤立，感到與人與社會失去關聯的憂慮與恐懼。當然照樣的往前走，其自我日漸接受現實世界的複雜性之分割也日深，往往直至那「自我」的純貌，被傷害成無感的疤痕才終止。就這樣，一個圖回歸純我而受阻，所引起的困境，便也隨着歲月，尤其是隨着現代機械標準化以及日漸複雜化的現實功利社會環境而不斷地形成了。

第三個困境：「戰爭引起的困境」

戰爭是人類生命與文化數千年來所面對的一個含有偉大悲劇性的主題。在戰爭中，人類往往必須以一隻手去握住「勝利」、「光榮」、「偉大」與「神聖」，以另一隻手去握住滿掌的血，這確是使上帝既無法編導，也不忍心去看的一幕悲劇。可是爲了自由、眞理、正義與生存，人類又往往不能不去勇敢的接受戰爭。當戰爭來時，在炸彈爆炸的半徑裏，管你是穿軍服的也好，穿便服的也好，穿學生裝也好，穿紅衣黑衣聖袍的也好，穿孔雀行童裝、吐乳裝的也好，都必須同樣的成爲炸彈發怒的對象；可是戰爭過後，我們抓住敵人的俘虜，却又不忍心殺他。當我們看到那許多多在戰爭中失去父母的孤兒，那許多多被戰爭弄成殘廢而仍活着的人，我們確是有所感動與同情的，可見人類在心靈深處，是具有上帝施給的仁慈博愛與人道的心腸的。可是人類往往爲了生存與爭執，又往往不能不將槍口去校對敵人的胸口，同時也讓敵人的槍口來校對自己的。這種難於避免的互殺的悲劇，的確是使上帝也不知道該用那一種眼神來注視了。透過人類高度的智慧與深入的良知，我們確實感知到戰爭已是構成人類生存困境中，較重大的一個困境，因爲它處在「血」與「偉大」的對視中，它的副產品是冷漠且恐怖的「死亡」。

第四個困境：「死亡所引起的困境」

當一個曾美麗過輝煌過甚至偉大過而且對天堂也相信過的生命，投進了「花圈」，投進了火光吶喊中的焚屍爐過後，那一羣一羣從殯儀館內出來的追悼者，每個人的面孔，都的確較深秋陰暗的天空還要陰暗了。如此愁慘的氣氛，的確使禮拜堂的天窗，在這刻怎樣也探視不出天國美麗的景色。一想起那位躺在病床上，只能用吸管輸送飲食，去支撐住那像整座山般將崩下來的危險的生命，此刻，名利財富，這些被人類以全力猛追住不放的獵物，用不着去問那個倒在床上起不來的他，那究竟是什麼，我們只由他對那一切均已無心無力接受的神情，也有所體悟了。這一生存情景，永遠覆蓋着人類的過去，現在與未來，像灰暗的天空永遠覆蓋着大地，它的確不是神父站在墳邊說一兩句慰勉的話，或由哲學家式的人物說什麼「他已有所表現與完成了」，便能澈底將人類生存的疑難解決的。我們雖也深知那一切撫慰與讚美，確能構成某些生存的力量，正像一個人通過黑暗恐怖的森林，以「唱歌」或邊走邊叫「那有什麼可怕」來壯膽一樣，但那只是我們對「恐懼」所採取的美麗的轉移與推辭。一個人能安於這種轉移性與推辭，他也可獲得生存的某些寧靜與安然之感了。可是人類醒覺的心靈，常去迫近而且揭開那冷酷的事實，做深一層的追索。於是又引起那種具有偉大性的不安來了，使海明威寫出他偉大的巨著「老人與海」，使有一位哲人，在心裏看見人類將一塊巨石，來回往山頂上推，推上又滾下，滾下又推上，推上又滾下，最後是隨着筋疲力盡而歸於靜止。至於那塊石，究竟是在山上山下，我們去追問它，而都非要緊的問題了。主要的，是有一樣東西，使我們每個人總有一天，不能再去推動它。這都在在說出了「死亡」的威力。唯有感知到這種威力，才能了解里爾克為什麼說出「死亡是生命的成熟」，以及我在「心靈訪問記」中喊出「生命最大的迴聲，是碰上死亡才響的」。

的確，死亡一方面形成人類精神存在的困境，一方面又以此來考驗與創造人類偉大且感人的智慧與思想，令使人類的內在世界更為深沉與成熟。透過「死亡」，我清楚地看見人類生命活動在這三個層次上：

於存在的第一層次——我知道人活着，終於要被時空消滅掉。

於存在的第二層次——我知道人活着，被時空消滅過後，仍可設想從紀念館、百科全書、銅像與天堂裏復活了過來。

於存在的第三層次——我發覺他死了，紀念館、百科全書、銅像與天堂，它安慰的是我們，而他躺在地下，太陽究竟從那個方向昇起來，他也搞不清了。

透過這三個層次，我清楚地看見人類莊嚴的生命，一直活動在這個悲劇性的困境中，而這個使人類精神存在更顯示其偉大性的困境，它的製作人便是「死亡」。「死亡」的左右手，便是人類無法征服的「時間」與「空間」，它倆在我們生下來的產房便一直將我們綁架到墳地，很多人都不知道。

民國六十三年

時空的回聲

「生命啊！無論你是穿着古裝或迷妳裙；是踩着柏油馬路或踩着山水，是踩着修女的『眼睛』或踩着蒙露的『乳房』走過來，只要你的脈搏與心臟，仍在跳動，便都一同走進我內心的X光透視室」，這是我十多年前的話，直至現在，我仍在爲這段話工作，而且堅信凡是離開「人」的一切，它不是尚未誕生，便是已經死亡。

在這項透視工作中，我一直是使用詩的靈敏的鏡頭。在鏡頭中，我清楚地看到有人從一杯「甜酒」中，打撈着快活的自己；有人從一杯「苦酒」中，打撈着痛苦的自己；有人從一杯滲有麻醉劑的「烈酒」中，打撈着失落的自己；有人從一杯「醇純的白蘭地」中，打撈着沉醉於悲劇中的自己。也許有人覺得這些「酒」喝得都沒有意思，便只好同王維與老莊坐上雲去飲山色，或者到廟裏去啃禪；到教堂裏去嚼聖餐了。反正從搖籃到墳地的路上，每個人饑渴的「嘴」，都會去靠近形形色色的「飲料」，然後以不同的神情與醉意一個個靜靜的躺下來……。

的確，人活着不能不去想，於是人一面往前走，便一面在想：究竟後脚會是歷史博物館的支柱嗎？前腿又是伸往前面的那一條路呢？而時間是鐘錶的雙腿永遠也走不完的路，空間又是水平線攔不住的。於是日出日落，地綠地的，天藍天的；戰爭一直是用人命來製作的；天堂一直是用骨灰來修建的；嬰兒車與救護車對着方向開；雙目張望，餐具與床一直是最顯明的景物，飄浮在生命的海上；雙目閉上，叫聲阿門，太陽究竟從那裏昇起來，也搞不清楚了。於是迫着我們從心底喊出：「生命最大的回聲，是碰上死亡才響的」。人活着，是怎麼樣的形象，便有怎麼樣的投影；是怎麼樣的呼喚，便發出怎麼樣的廻聲；是怎麼樣的走法，便到達怎麼樣的地方；是河便在地上流，是雲便在天上飄，是山便坐下來不動，鳥籠與天空既然不同，鳥飛翔的姿態與世界也不會同。只有不斷的探索與超越，才能走出那條「水平線」，去看清楚什麼是無限，什麼是有限。

當人類從歷史博物館看到「過去」，又從科學館看到「未來」之後，便會發覺自己處在「過去」與「未來」之間，重要得像通往永恒的一座橋。可是當人一被推入都市文明動亂的生活環境與生存焦急的情勢中，緊緊抱住生之慾望，抓住原本性的「我」，而過去與未來，便都擠進那個最短速的時間單位裏，形成另一種瞬息間的「永恒」，使「天堂」近得像可用手去摸的「水晶大厦」，使熱鬧與充份享樂的時刻，在燃燒中，開放出精神世界中一些最美麗的「空寂」，去點綴人類集居的每一座繁華的城市。

於是在越來越物化的現代都市文明生活環境中，每個人順着一己的處境與感受，對自我生命的打撈工作，是更形加緊與重要了。我也不例外地透過詩與藝術，去對「人」追踪與探索，並借用詩與藝術的力量，去把埋藏在「人」裏邊的奧秘與所發生的一切眞況透現出來，最後都轉移入詩與藝術所展開的美感世界，予以轉化與昇華，望能在時空中與那些永恒的感覺有所關連。

至於時空有沒有回聲，就要看人類生命發出的聲音夠不夠強大與深遠了。

民國六十九年

春的二重奏

春夏秋冬是季節順次排列的名字，由大自然不同的生命景象呈現出來，井然有序。奇妙的，是人存在於大自然整體性的生命結構與形態之中，同樣也有春夏秋冬不同的生命景象，在歲月中移動與浮現。

一

春在季節中排名第一，便第一個出場。舞臺一片翠綠，風和日麗，花朵到處開着芬芳美麗的門窗，看春載花、載歌、載舞千嬌百媚的跑過來作秀。爲了方便春快活的跳躍與飛躍，春的穿着比鳥翅還短捷輕便與靈巧；爲了使大自然渲染上繽紛燦爛的色彩，春一路揮灑出它的萬紫千紅；爲了給萬物生命做彩色美麗的夢，春將大地編造成世界上最大的一張花床；爲了使年華與季節永遠有新的開始，春一直是裝在歲月紅門上一個響亮的門鈴，一按，新的生命便呼應過來。

至於充滿着歡樂與讚美的「春之頌」、「春之舞」等多元媒體的各種造形藝術表現，都是由春自己在季節中精心設計與排演的。譬如背景音樂，春開始是用雪崩的聲音，接着是泉聲、鳥聲與花朵開放的聲音，一起響過來；然後是一片停不下來的歡笑聲與無邊的色彩之交響……此刻在視覺畫面上，若尚須一些佈景與影像，春便通知所有的百貨公司、時裝店、乃至衣櫥掛着（與少女身上穿）的衣服，全都換上色明彩麗又薄又柔與又短的，最好是短得像鳥翅，像一九八〇年流行的迷你裙。這樣，方能應和春在大自然景象中，特別喜愛描繪與雕塑鳥、花瓣與蝴蝶等精巧美妙的生命形象。

二

記得廿多年前值詩人余光中英譯的第一本中國新詩選出版，美國駐華大使莊萊德夫婦邀請幾位作品被譯的新詩人以及美新處一些美方人士與貴賓，在官邸擧行的酒會上，觀看美國著名田園詩人佛洛斯特的生活紀錄片，貴賓中，也有滿頭白髮的前輩詩人胡適之與羅家倫兩位老先生，我看看白髮的胡先生，看看我們幾位新詩人中，最年輕的詩人楊牧，眞有如在詩的世界中，看冬天裏的春天。

這種相觀照的生命景象，在詩人佛洛斯特的生活紀錄片中，更爲凸出、鮮明與强烈的呈現出來。

銀幕上，出現年老的佛洛斯特，滿頭白髮，兩唇發抖，像被死神彈弄的兩根弦。在冬風吹葉落凋零的莊園裏，由僕人扶持，勉强緩緩的踏步，外在的物景與內在的心境，都由躍動往冷靜的方向下沉。但在回憶的倒鏡裏，我們看到年輕可愛的佛洛斯特，露着紅紅的蘋果臉，跳着步，飛跑過那滿目翠綠的林園。此刻，除了快活的鳥，實在找不到更好的東西來形容他。在詩眼中，他小時騎過的木馬，都曾奔來生命無邊的綠野；他盪過的鞦韆，都曾把自己與世界昇到天上去。那無限純朗透明的藍空，是他的眼睛，彩色繽紛的花園，是他的心。在他的世界裏，時間沒有重量，歲月都長上翅膀；空間沒有阻力，能感覺的，是無限的自由廣闊與歡暢。在他向前直衝的生命路途上，他歡樂無慮的生命列車，一直順着方向加速，在歡呼與笑聲中前進……這種生命景象、聲勢與動力，如果回過來看紀錄片開始拍攝詩人佛洛斯特那入多雪地般的滿頭白髮時，它不就是春從雪層中湧現出來的生命形象與歡呼出來的聲音。

如此看來，紀錄片中的佛洛斯特，他年輕歡躍的生命景象，於大自然的觀照下，在詩眼中，也的的確確是一座無比亮麗的春天。

八十一年一月

夏的狂想曲

夏是火的名字，也是燃燒的季節，一切跟着它燃燒，大自然的景物在燃燒，所有的生命在燃燒，愛在燃燒，慾在燃燒，潛意識中煩躁焦灼的情緒在燃燒，世界與歲月流着汗走在燃燒的熱潮裏。

太陽燃燒成一隻火球，火辣辣的滾過天空、海洋、陸地、都市、柏油馬路及女人的裸胸，全都燃燒，閃着火光。對着這許多到處燃燒的景象，如果要降溫，像熱得發怒的雷雨、海邊泳場、游泳池、冷氣機、電風扇、冰淇淋、冰棒以及水晶宮休閒中心……等這許多東西，都是緊緊被歲月握在手中的大大小小的滅火器。

夏的確太過於火熱與超溫，令人難於消受，有時甚至使人感到厭煩，恨不得鳥語花香的春天一過，便跳到天高氣爽的秋涼，將夏丟到寒冬裏去，同冰雪相處在一起，這樣歲月便像從冷熱水龍頭調溫出來的不冷不熱的適溫的暖流，冷多也會好過些，若妙想到文學性的感覺裏來；那便是在作品中將狂熱的浪漫與冷靜的古典溶和在一起。

事實上，夏也並非只是多汗多蚊那樣不受人歡迎，它確也有美麗可愛的地方與時候，至少很多年青人會同意這種看法，而且喜歡夏的。譬如夏常帶大家到夏威夷 WAKIKI 的海灘或到淡水的白沙灣去抓狂，去看浪裸在陽光中，風裸在浪聲裏，鳥裸在翅膀上，婦女們以「三點式」裸在藍天與碧海之間，暴露出活力十足與健美的生命形態，一高興，便以身體扭緊的線條，從浪花中躍出，幾乎扭斷了陽光的弦線，被眼睛彈得那麼響；同時當陽光、白雲、浪花與白帆，都白在一起；沙灘上無數如花開放的彩傘，溢流着馬蒂斯強烈鮮明的色彩，夏便也自然凸現出它特別亮麗動人的畫面，在陽光與浪聲中不停的歡呼。

或許在我們的觀感與印象中，夏因特別喜歡狂風、暴雨與巨浪，便覺得它只美在動感中，可是事實上，它有時也相當的冷靜收斂與不想動，像是一隻放下翅膀不再到處去放火的火鳥，靜靜的躲在林中飲綠蔭，藏在山裏喝冷泉，不出來；靠着涼亭，傍着柳色荷香，午寐入綺麗，美給樹影看，而夏自己則像是大自然冷凍室裏的一塊冰涼明麗的冰，溶化在涼風與水聲中。

如此看來，夏不但是大自然的季節，能動能靜的歲月；而且也近乎是一位狂熱坦率，能放能收以及有境界的浪漫派詩人藝術家。

八十一年六月

秋的悲愴交響曲

如果說果紅、楓紅、成熟豐收的金黃歲月，指的是八九不離十的秋天；那麼當大家像詩人一樣敏感，看到枯黃的葉子開始自樹上掉落，也自然聯想到所謂「一葉知秋」的悲涼之情，則秋天便也無形中同時拉住兩種相離異的生命力源。

從富庶豐收的田野、成熟紅遍的果園、鬱綠蒼勁的林木等大自然的景觀看來；從人生四十不惑、幹練、力道的成熟之年、雄心壯志的健旺之年、事業飛黃騰達的有成之年……等人生境遇看來；我們都不難了解，爲什麼有些文人筆下，會把秋描繪成豐碩、端莊、金碧輝煌的歲月；有些雕塑家的刀下，會把秋雕刻成一個歡樂嫻靜美麗的孕婦；爲什麼有些音樂家要寫「秋頌」。

當然，世界與生命在永不止息的存在與變化中，都並非一直只有光明面；事實上，也有其陰暗面。正如自然界的光與影，白晝與黑夜，一直在時空中相對視相映顯。

於是人生登上「高峯」極處，便有「高處不勝寒」之感；也隱約聽到失落之聲，此聲由反方向傳來，便更形强烈。那是人到中年，若一無所成，被現實一路擊散，除了日漸空寂的心與髮白髮掉，能不陪同大自然引來「一葉知秋」的失落感，而悲懷慨嘆。

其實人是靈悟的動物，有身可感，有心可想，總難免在自己的一生中，用盡心機的東想西想，想以有限之年，去贏得無限的世界，但那都的確是在作夢，不可能的事。因爲世界太大，卽使人覺得自己在旺盛豐盈如秋的黃金歲月中，已有了非常滿足的成果，然而滿足的邊緣，往往也是「絕望」。所以便有柯達公司的大老板，把錢賺夠，在獲得滿足的財富之後，反而坐機去投海自殺的事件發生，使世人驚訝不已。這正如有一部電影拍到男主角忽然自殺，無論案子怎麼查，也查不出原因，後來發覺是因他太富有太有錢的原故。此刻卽使我們把鏡頭對到相反的方向去探視，看到華美的秋，有如被歲月抬過來坐着意中人的一部紅轎，也不能完全否認秋的形象，有時也的確像是那片或濃或淡的暗雲與陰影，有其低沉的一面，令人多愁善感。否則，在葉落髮掉時刻，爲何會有那麼多文人筆下，絡續出現那些「葉黃枝枯」、「斷紅晚照」、「老無味，秋最愁」乃至「氣與千山壯，心情萬古愁」等悲秋之句，長嘆之聲。而雕塑家有時更直覺地將這些由生命入秋感染上的悲感憂情，塑造成一座深沉高貴的「憂鬱」；音樂家更把它譜成莊嚴的「秋的悲愴交響曲」。

八十一年九月

冬的奏鳴曲

於春的繽紛燦爛、夏的激情狂熱、秋的成熟深沉之後，冬採取無風無浪的海港、豐收過後的靜野、冷寂的冰山雪峯、以及梅花、聖誕紅、暖爐與圍巾……等素材，靜靜塑造出自己安祥、平和、冷靜的生命形象。在貝多芬第九交響樂流露着虔誠、信望、感恩、讚頌與寧馨的樂音中，能不令人對時空與生命沉思默想。

即使歲月偏航在相反的方向上，展現給人類生命看的，也有不開花的春天、暴怒煩躁與倦累的夏天；枝葉枯萎、景象凋零的秋天；使冬在失調中，不能不從白茫茫的雪地上，驚視自己形如死亡般蒼白的臉。然而在詩眼中，死亡也是一種淒美的存在，而且最接近它的，是生命；正如冬一跨出冰層，新的春天便跟着泉聲而出，所以「冬天來了，春天還會遠嗎？」這句話，便一直在歲月裏流行了起來。

有時我們也常會把一大羣枯坐在廣場與候診室的老人、或一早在公園裏打太極拳（將手脚伸展成抵抗寒流的樹枝）的老人、或需要人與輪椅幫助行走的老人，或躺在病床上心臟跳得比滴下的葡萄糖還緩慢的老人……，去同生命即將到達的終站、同冬的蕭條景象，聯想在一起。但是在詩眼中，我們仍可窺視到冬的另一些超離冷暗面的迷人可愛的光景，亮開那極有利創作者步入深層世界去進行冷靜思考與想像的心境，所以我曾在詩中，發出對「冬」的讚美之聲，將冬日看成是閃亮與寶貴的鑽石造的，並以「鑽石的冬日」爲詩題，寫下一首冬的頌詩：

冬日
人類夏日得來的急燥
　深秋感染上的憂鬱病
　　是好轉了
在你深綠色空氣的冷林中
詩神常帶着他機敏可感的獵狗
　讓想像追着世界跑
那經過保險的鑽石的冬日
　靈魂的無波港
生命的海
呈現在你面前
　沉靜而均衡
情感突出的懸崖
　全倒了

在你陽光的溫鄉
自由新生的歡望
如飛鳥成羣

從這首詩形成人與冬日對話的情境與心境中，尚可進一步走入柳宗元「獨釣寒江雪」的詩境，領悟到一個超越的心靈，是如何在冷冬擁抱整個宇宙與大自然的荒寒孤寂，而使生命與時空一同進入永恒的存在之境，並且看到「冬」在歲月的流程上，也是一座造在雪峯上瞭望世界與靜觀萬物生命的不朽的高層建築

八十一年十二月

春之旅的迷思

春天又來了，如果說它是歲月又一個新的開始，那麼生命又要開始新的出發了，但究竟往那裏去？

依常態，春一直是給人又柔、又美、又甜、又蜜的感覺，可是有不少人爲了能順應到「柔」那裏去，便把自己的骨頭也抽掉；爲了表明到「美」那裏去，只穿上一身彩色奪目的服飾，招搖過市，或一窩蜂人擠人的上花市、上山看花；爲了舐到「甜」與「蜜」，便沿着勢利的路，一步步走進最具吸引力的糖罐，成爲另一個「卡夫卡」筆下變形的人蟻，最後都自覺或不自覺地甜死在糖罐裏。

據說自古以來，這種死最流行，也最嚴重，感染性最强，强到不但使「詩」從大老板與官爺的心裏終身出走，而且相連從詩人的心裏出走。詩出走與失踪，是一件相當可怕的大事，害得世界怕「失明」到處在找「眼睛」，可是只看見各種廣告在商場鬧區推銷眼鏡。連春也不知道人們一開始有沒有走錯了路，在世紀末、在泛方向感、在條條路通羅馬而看不出有那一條路眞的能到羅馬的泛目標裏，世界像走進紅綠燈故障的塞車街口，所有的車，仍在發動，心越跳越急，四周忽然幻變成一間封閉的屋子，一羣羣人活像是另一個「卡夫卡」筆下衝刺的蝙蝠，拼命地找出口。

或許春是被人看走眼與錯認了。其實春只是站在一個最美麗的起點，看花朵開回自己剛開放的位置、看河流流回自己剛流動的位置、看鳥飛回剛開始展翅的位置、看生命又重新回到自己的原本。所以凡是被汚染，已遠離自己原本性的生命，便也與春天有可見的距離，甚至已看不清眞正的春天，究竟是什麼樣子。

像藝術大師畢卡索，便一直感覺自己與春天很接近。他透過藝術創造的永遠年輕的活力，把年輕的明星女友，在海灘上，緊緊抱成一座美麗的春天。年老的畢卡索，同時也在內心中，將自己凸現成一座多天裏的春天。

當然在世紀末與後現代的泛價値觀中，我們可以說畢卡索也不過是「老牛吃嫩草」，同有錢有勢的大爺們抱住年輕的小姑娘，沒有什麼兩樣，都同樣有「回春」的感覺，但這種看法，會不會在判斷時，使形態與本質世界之間的差距，蒙上一層霧？

若如此類推，則有思想的大作家，同膚淺庸俗的流行作家，都一樣是文學家；再往下類推，則那不擇手段、沒有是非原則的獲得，同有是非有原則的獲得，都是一樣的獲得，沒有眞正的價値標準，也不看過程，只看結果。像這樣，水不淸，像不明，春天如何再現它確實美麗的形象，如何站在它確實美麗的起點，去看一切走進它確實美麗的方向。

想到人從「春」宮這個美麗的生命起點走出來，一開始便領到「上帝」發給的一條錄影帶與一條錄音帶，希望一路錄下生命最美的形象與聲音，但到最後，你究竟是什麼，都錄在那裏，那是上帝也無法更改的；接着又想到我以往說過的話：「人活着，最大的可悲，是沒有能力保護住原本的眞我，而將眞我的生命解體，變爲各種現實框架裏的存在材料……」

像這樣的人，隔着勢利、虛僞、市儈、鄉愿的一層層重疊的毛玻璃，如何能看見那純美在春天裏的原本的生命景象；再想到目前全人類居住的世界，被物質文明與功利牽着鼻子走，內在的價值感，已跟着「商品」化的性格在質變，人際關係，建立在消費性「用後便丟」的「舒跑」保麗瓶模式上，人的原本性，便動盪、不可靠。這樣，春天明麗的鏡面怎能不迷糊；這樣，人如何能確實地站在春的清澈美麗的起點，清楚地展望與展開理想的終極航程？

如果一出發便觸礁或偏航，而目標在那？這許多多分歧錯綜、複雜起伏不定，走向不同的存在思緒與情境，一再要世界、歲月與人去反思與省察，去站在春的新起點、新的開始，對存在重新做深入的思考與抉擇。

想到這裏，夜已經很深很靜，世界上所有的大都市，雖仍因MTV、卡拉OK、酒吧與吃喝玩樂，在失眠，但畢竟是漸漸的疲累與入睡了。

許多簇擁的念頭與具存在壓力感的時空狀態，都逐漸舒放往無邊平靜與單純的世界移動與超昇，也因此使我忽然發覺此刻整個地球，竟也是一隻巨大的太空船，載着人類不停地向茫茫的神秘時空航行，每一家公寓的住屋，都是票價不同的艙位，有些鍍金鍍銀、帶滿勢利財富與行李，有些只要能坐能睡就好。

而我坐的那個名叫「燈屋」的隱形艙位，它不鍍金，也不鍍銀，但除了坐與睡，它上面尙寫有幾句詩

「在茫茫的時空之旅中／眼帶畫廊／耳帶音樂廳／什麼也不必帶了／這樣／雙手可空出來指天畫地／雙脚可放在水平線上／頭可高枕到星空裏去／把世界臥成遊雲／浮着光流而去／日是堤／月是岸／登步上去／光與無限都住在那裏……」

這段詩，使我迷思地球的確是一隻不停地向永恆航行的太空船；也使我意會我過去所說的：「人類是一直活在前進的永恆中」這句話的深遠意義。

這種悟知，尤其是從春的美麗起點出發，坐着地球太空船，在春的又深又靜的夜裏，無邊無際的航行，便使一切更明澈與帶着新意在美中探索與昇越，進入超乎錯雜紛紜動亂之後的單純與平靜，除了自由自在，更動心的是廣闊與無限。

至於，無論是陶淵明寫的「採菊東籬下，幽然見南山」，或是目前有人寫：「採菊鐵欄干下，恍然見金山」，雖都一樣有人叫好。但的的確確，當我坐在地球太空船那帶有藝術構想的「燈屋」艙位上，想起以往坐飛機，飛越雲上三萬尺高空，跨過雲下的亂流與風暴，同宇宙時空對話，已不特別注意這些。只看到雲上除了單純、透明、安靜，什麼也沒有，有也在沒有中，雲下只留下「煙囱」、「炮管」與「十字架」三樣東西，在架構着人類生命存在最單純、最基本、最簡約（MINIMAL）的永恆造型世界。

這個世界，從去年的春天，今年、明年、後年與後後年的春天來看它，它永遠不會變，

變的是人類來來去去交錯、重疊與帶着面具的眞眞假假不可靠的臉。

於是，從春天美麗的港口啓航，你一路上也許不能完全抓住千變萬化的大大小小的浪，但你必須最後擁抱到在水平線裏波動的海，與已超越出水平線之外的無限安靜的海，它也就是詩眼看到人類一直在航行中又眞又幻的生命之海。

八十二年三月

對母親的懷念

九歲那年，日軍攻打海南島，我同父母逃難到法租界廣州灣，十四歲考進校址設在四川灌縣的空軍幼年學校，便開始遠別母親與家人，幼校畢業，轉進杭州空軍飛行官校，於三十八年隨學校撤退到臺灣來，從此離開母親更遠了。

將近五十年，未見到母親，政府開放返鄉探親，我雖在前三年曾返海南島一次，但母親已離世二十多年，我只能跪在母親的墓前來低頭默念……。

母親的音容，在戰火的濃煙與槍炮聲相連製作的分離與遙念裏，在我童年的記憶中，仍一直鮮明，歷歷在目，一想，便黯然神傷。

最令我難忘的，是母親每天早上，在我上學前，從不間斷的到鷄房拿出一個白白的鷄蛋，煮熟，放進我的早餐；冬天常抓一把煮或炒的熱熱的有殼花生，放進我的書包，現在才感覺到那是從母親心中抓來的一把暖暖的愛；在夏天，母親常將削好的甜甜的甘蔗，又涼又甜的甜入我的童年；無論是我溫習功課或練大字，遇上大熱天，母親總是在旁爲我打扇子；我入學與過年穿的新衣，都是母親一針一針縫製的，在沒有洗衣機的歲月裏，母親勤勞的雙手，不斷洗淨、晒乾與整整齊齊疊好我的衣服，何止是當時穿着時，聞到衣服那股清新與潔淨的香氣，此刻回憶起來，更湧來從母親愛心中所散發的那股溫暖無比的馨香。母親爲我在歲月中，忙來忙去的雙手，已像是時鐘上勤快的雙槳，不停地划過我快快活活的童年，仍留有美麗的餘波與聲響。

寫到這裏，記憶中的掃描鏡，都集中在我快樂的童年，母親已是我「快樂童年」耗資最大的製作人，我能不在母親節用整個記憶來回顧，用整個心來感激。

記得政府未開放返大陸探親前，我思念母親，曾寫過下面這樣的詩句：

母親　您快八十歲了
較八十個世紀還漠遠
……
母親　當您將一支支削好的甘蔗
　甜入我的童年
一支支槍支卻不停張口說
　歲月是苦的
母親：無論一個個炸彈
　往世界那裏炸開
我仍記得您從鷄房裏
取下一個白白的鷄蛋

打在我早餐的碗裏

母親 您的雙手伸過來

好暖

槍炮的雙手伸過來

好冷

……

母親 即使整個世界在戰火裏

走不出去

歲月失去記憶

我也會奔回原來

叫一聲您 母親

政府開放返鄉探親，我滿懷高興回去，却傷心看到母親靜靜的同遠去的炮聲、在墳裏已經躺中二十多年，我帶着一顆痛憶的心，沿着廣州、上海、北京排定的演講行程，在北大那場演講過後，遊覽萬里長城，登高遠瞻，遙望那深埋在遠方與茫茫時空中的墳般的山，便又不知不覺中，記起前些日子跪在母親墳前默哀的情景，很自然地在「長城的移動鏡」一詩中，將追念母親的心情，也寫進去：

……………

長城是一條公開給風景
拍攝的硬片
留在眼裏的都是畫
雙目真不該再向空濛的層峯
去追問槍彈走過的血路
去追問最後那座山的去向
這一問　風景全躲開
將我又問到母親的墳前
心怎能不又同天地
一起跪下來

隨着上面的這些詩行，我的心也行入對母親深深的懷念裏。除了切實體認出大家常在口中或文章裏說「母親是偉大的」這句話的眞義；我更進一步覺悟到，母親的確已成爲與大自然永恆生命溶爲一體的存在形象，而不能不在母親節對母親表以永遠的懷念與讚頌：

母親，您已像是大自然的「天空」，若沒有「天空」，雲、鳥、風雨由誰來照顧；您已像是大自然的「海」，若沒有「海」，千波萬浪在那裏呈現；您已像是大自然的「大地」，若沒有「大地」，千樹萬花、千山萬水從那裏出來……。所以，母親！如果沒有您，也就沒有我；如果母子的心，確是永遠相連，則那條連線，便是永遠連住天地千古不變的天地線。

記憶的快鏡頭

相處了二十五年，我該向你說些什麼？

六十九年是我與妳結婚的二十五週年紀念。這一年，對我來說，是美麗的；它是一百年美麗的四分之一。我被記憶帶回二十五年前我們初遇的那段美麗的時光，當我回來，我爲妳帶回的是內心中一些永難忘懷的憶念與生命的回音。

二十五年前

二十五年前，我們都年輕，都生活在夢與理想中。那時我因代表空軍飛行官校在臺北打足球，扭傷了腿，而轉到民航局來工作，開始走上現實人生的道路。我雖也愛好詩，但那只是嗜好罷了，而妳早已是以《青鳥集》聞名詩壇的女詩人了。

那時，妳就像是一隻年輕美麗的「青鳥」，飛在邱比特四面射來的追箭下。我也是以快箭去追的，我用的快箭，是比限時信還要快速的快信，由我自己當郵差，專程將信投入妳的信箱，每當妳打開信，必有一把利箭射向妳的心房：

「……妳的聲音，就在風中嗎？妳的視線是否在陽光裏，如果我不能再遇見妳，或者妳回來時，我已雙目閉上，那時心會永遠死去，海洋也會永久的沉默……」

這些連續像海浪般波湧向妳的眞摯的話，終於使妳感動了。

我的箭在颱風夜射進妳「青鳥」的心房

收音機廣播有颱風過境，我仍然邀妳到我這裏來欣賞我剛買來的幾張古典唱片，開始妳有點猶豫，但愛情的力量還是比颱風大，妳終於冒着風雨來了。

在燭光與貝多芬D大調幽美的旋律中，我們心與心的距離，拉得更近了。聽完音樂，我在風雨中送妳回宿舍，到了妳門口，妳却要反送我回去；到了我門口，仍是由我轉過來送妳。其實送來送去的，是彼此在風雨中扣得緊緊的心。就在那晚，我的箭射中了妳青鳥的心房。

四月裏的婚禮

我們的婚禮，於四十四年四月十四日星期四下午四時，在中山北路妳常去做禮拜的那座古老的教堂裏擧行。

在教堂的紅氈上，在唱詩班讚美的歌聲與牧師的祝禱中，我雖連一顆〇・一克拉的鑽石，也沒有能力送給妳，但我能送給妳日月相視的目光，以及內心中那永遠的感動。

那天，婚宴前安排有別緻的詩歌朗誦。已故詩人覃子豪①先生，用他主編的《公論報》詩週刊整版刊登詩友們的祝賀詩，分別由詩人們朗誦。此外，更有名詩人紀弦②先生特別朗誦我的詩，名詩人彭邦楨③也把他在途中寫成的那首祝賀詩，當衆背誦。這實在使我們的婚禮增加不少光彩，也使我們內心除了感到慶幸與欣慰，更對這羣詩友們的賀意與盛情感激不已。

在那充滿了祝望與喜動的難忘時刻，我仍記得當時我在詩中所寫的：

「玫瑰色的日子來了，耳、目、心房絡續收到快樂的信件，要我們同去，在海水與天空最藍時動身，去造訪我們在心中久久懷戀的春園……。」

蜜月旅行

在舉行婚禮的教堂中，我們既投以日月相視的目光；在蜜月的旅途中，我們也朝日月潭走去；後來我們合出的英文版詩集，也命名爲《日月集》，好像日月是永遠守護着愛情與生命的溫暖的光。

從蜜月中回來，那些美好的景象，仍一直保存在我當時寫下的那些富於浪漫情趣的詩句中：

「三輪車、四輪車，像鳥飛在蜜月的花林中，我的手臂是圓柱，妳晝夜繞着它圓舞；

妳的嘴唇是粉紅色的小郵票，我的心是甜蜜的情書，一封一封地寄往未來幸福的歲月……。」

婚後

爲了分擔現實生活上的困難，妳仍必須繼續的在國際電信局工作，而且也相當的辛勞，下班還要看書寫作與做家事；有時侯還要小夜班，到十一點半，才能回到家。逢上風雨天，下班車又只能送到大街上的巷口，而巷子又長又深，我如果碰上明天值早班，也不能例外的拿着雨傘站在街燈下等着接妳回家，有時淋得滿身濕透。但回到家中，「燈屋」裏的光，流過彼此的臉，却較平日更爲溫馨了。

這些內心中的回音，仍一直留在我二十年前寫給妳的那首抒情的小詩中：

「親愛的　如何能把心話說盡
婚後的一切　在我懷中益加情深
每當凝目相望　笑口同開
歲月便多麼榮華富麗啊
外出　行人眼睛說我們相愛
在家　快樂又常圍繞在我們身邊
親愛的　如何在老時再來想起這一切
讓昔日的戀中之歡　給灰暗之眼

帶來光輝」

忍讓與領情後的內疚

由於妳一直在宗教家庭長大，父親是牧師，你小時候又常常在父親佈道的教堂裏彈風琴，加上天性上的溫和，妳給人的印象一直都是安安靜靜與和和氣氣的；而我年輕時，因學飛行、打足球、愛動，加上自我意識又强，所以生活上的許多事情，往往總是由於我的堅持，而使妳只好接受與忍讓。譬如家裏地方小，我寫詩，有時須要放一些背景性的音樂；而習慣在安靜中構思的妳，便難免受到影響了；又家裏的佈置與任何東西的安放，都幾乎是照我的所謂「藝術與科學化」的方式處理的，這對妳當然又是不能完全適應的；有時到外面餐館去吃飯，我雖也叫妳點菜，但點了一個，我總是將菜單又拿過來自己再點，而我點的，妳不見得喜歡吃，但妳還是將就的吃了。又妳在日常生活中，動作比我緩慢，我常常把妳催得心頭發急；的確每當我缺乏一分耐性時，便是在妳心上增加一分耐性。印象最深的，是我出門常常坐計程車，而妳提着一大堆日用品，還是擠着公共汽車回家；看妳勤儉的樣子，再想起妳滿懷感慨的話：「別人一個人作事，養一大家，都省錢買下了房子；我們兩人作事，到現在還沒有錢買房子……」我心中怎能不感動與內疚呢？也許做爲一個詩人，既不會理財又有點任性，並非什麼大錯，但由於妳長時期的忍讓，我內心對妳由虧欠所產生的歉疚，便也無法避免了。

我總一直覺得，在生活中，我是有缺點的，而要找到妳的缺點，即使故意去找，也難於發現。

我該向妳說些什麼？

二十五年來，妳默默地工作生活與寫作。已故詩人覃子豪曾讚譽妳是中國的勃朗寧夫人④；詩人余光中⑤曾說妳是一隻火鳳凰，是詩壇開得最久的一朵菊花。而我與妳生活了二十五年，在此刻，該向妳說些什麼呢？想起二十年前寫給妳那些浪漫而稚氣的詩，如今歲月雖已轉移了昔日的心態，趨向成熟，但我仍一直忘不了在筆下所寫給妳的那段畢生難忘的話：

「這些年來，妳一直都在企求透過上帝、大自然與詩的感通性，去觸及人生的寧靜面與永恒的安定感；因而妳與我相處，便始終成為我激動的生命的平衡力，使我心靈在超越的活動中，獲得重心與較佳的關係位置；這種感情與謝意，往往在分離的日子裏，益見加深。」

因而我又不能不在此，將內心中深切的感懷，像當初一樣，寫一首紀念性的詩〈春日之歌〉獻給您與我們相處的「廿五年」，藉以追憶我們已過去的，並想望我們所未來的——

〈春日之歌〉：

春日啊

要是青鳥不來
你照耀的林野
如何飛入明麗的四月
踩一路的繽紛與燦爛
要不是六月在燃燒中
已焚成那隻火鳳凰
夏日怎會一張翅
已紅透了兩山的楓樹
將成熟與輝煌美給秋日
那隻天鵝在入暮的靜野上
留下最後的一朵潔白
去點亮溫馨的冬日
　隨便抓一把雪
一把銀髮
一把琴線
一把詩
一把相視的目光

都是流回四月的河水

民國七十八年

【註】四月是我們結婚的月份

① 覃子豪（1912-1963），本名覃基，四川廣漢人。北平中法大學畢業、日本東京中央大學肆業。「藍星詩社」創辦人，曾主編《新詩週刊》、《藍星詩頁》、《藍星季刊》等，著有詩集、詩論多種，一九六八至七四年間《覃子豪全集》三册出齊。

② 紀弦（1913—），本名路逾，陝西人，蘇州美術學校畢業。曾任臺北市成功中學教師，一九五六年創立「現代派」，曾主編《詩誌》、《現代詩》等雜誌，著有詩集、詩論及小品十餘種。

③ 彭邦禎（1919—），湖北人，陸軍官校畢業。現旅居美國。

④ 勃朗寧夫人(Elizabeth Barret Browning, 1806-1961)，英國女詩人，以情詩《葡萄牙十四行》著稱。一八四六年與羅勃・勃朗寧（Robert Browning, 1812-1889）結婚，移居義大利。

⑤ 余光中（1928—），福建永春人，國立臺灣大學外文系畢業，美國愛荷華大學碩士，曾任國立師範大學、香港中文大學教授，現任國立中山文學院院長，《藍星》詩刊發行人，著有詩集十五種、文集十一種。

第一篇作品的追思

將時光倒流回二十七年前，民國四十三年的春天，我開始認識以《青鳥集》聞名詩壇的女詩人蓉子，那時她是一隻飛在詩中的「青鳥」；也是一隻飛在青春歲月裏的美麗的青鳥；她詩的生命形象，的確給我一種强烈的衝激力，令我嚮往與追戀，正好那時的詩壇仍瀰漫着浪漫濃厚的抒情風氣，我便也自然地把內心中對愛與生命所產生的那股狂熱的感覺，在稿紙上開始寫出我的第一首詩〈加力布露斯〉。

這首詩在整體上，可說是年輕時代的我，對於愛情、願望以及過去現在與未來的時光，在遼闊的想像世界中，所發出一連串的讚美與感嘆之聲，想不到它會引起詩人紀弦先生特別的重視，將它用紅字刊登在《現代詩》季刊的封底上。

第一篇就「紅」了嗎？這對於一個剛邁進詩壇第一步的年輕人來說，確是一件令人感奮的事。尤其是透過這首詩，蓉子在我的生命中，好像發覺有她珍貴的東西，便從此讓我在她詩的內心世界中通航了，這更使我感到慶慰，那種無比的激勵，對我今後的創作生命，已重要到令我曾從心底裏說出：「在詩的世界裏，我若有所成就，我將永遠感謝我內心所敬慕的兩個人，一個是從我少年時代開始，不斷把「美」與「力量」，從音樂中輸送到我心靈裏來的貝多芬；一個便是在生命中，給我愛與安定感的女詩人蓉子」。

當第二年的春天來臨，我們在禮堂的歌聲與牧師的祝詞中成爲夫婦；詩人紀弦先生特別在婚宴朗誦會上，朗誦這首詩來祝賀我們，我彷彿意會到這首處女作，於無形中，已成爲我們「愛情與婚禮」樂章中的美麗的序曲。直至現在我還能背誦出其中難忘的一些詩句來——

親愛的加力布露斯，
妳的芳影在那裏？
妳的聲音就在風中嗎？
妳的視線是否在陽光裏？
如果我不能再遇見妳，
或者妳回來時，我已雙眼閉上，
那時心會永遠死去，
海洋也會久久的沉默，
妳知道歲月之翼，不能長久帶引我
於生命的冷冬，我會跌倒於無助之中……

如今經過將近三十年創作的心路歷程，回過頭來，重讀年輕時代最早寫的這些詩，它也許過於浪漫與稚嫩些；但詩中隱隱約約潛藏着年輕人對生命與愛所流露的那些莫名的嚮往與追戀的情懷，仍是保持有某些眞摯與感人的地方，甚至同我後來一部份偏向於對生命與時空進行沉思默想的詩，是有所呼應與有脈絡可尋的。

譬如在〈第九日的底流〉詩中的——

當晚霞的流光。
流不回午前的東方
我的雙目便昏暗在
最後放下的橫木上
聽車音走近
車音去遠
車者去遠
……

在〈死亡之塔〉詩中的——

生命最大的回聲
是碰上死亡才響的
……
當一棵樹倒在最後的斧聲中
樹便在建築中流亡到死
……

當船纜解開
海流很急
岸是不能跟着去的

在〈車上〉詩中的——

張目是風景
閉目是往事
……
遙望溶入山水
山水化為煙雲
煙雲便不能不了
事情總是那樣了的

在〈雲的告別〉詩中的——

我帶着海散步
帶着遠方遊牧
……
我的行程有一部份被鳥知道
大部份是過了水平線之後

日落星沉　煙消波滅
天茫茫
地茫茫
獨我在

上述的這些詩例，都可說是或多或少地跟在我第一首詩的基點與動向上，延伸與發展下來的——均是對生命與時空的默想，意圖通過生存的層層阻力，於潛在莫名的追索與探望中，探回生的原本之境，它或者就是激引人類心靈產生永恒感覺的一種潛力吧！

也許別人有不同的看法，但我一直認爲，只有切實體認時間與空間對人類具有最大壓力的人，方能眞正了解永恒究竟是什麼；只有眞正了解「時間」與「空間」是「死亡」强有力的左右手的人，方能看出通往永恒的路在那裏。當凱撒大帝與拿破崙以蓋世的威風與霸力，不能把秒針向後撥一秒；當人類將所有的脚與輪子加在一起，也無法跨過天地線一步，我們便不難了解陳子昂爲什麼面對茫茫的時空會感慨的寫出：「前不見古人，後不見來者，念天地之悠悠，獨愴然而涕下」；王維爲什麼會以超越的心境吟出：「江流天地外，山色有無中」；詩人里爾克爲什麼要把「時間」看成一位大神，俯下身來膜拜；貝多芬爲什麼終於抑制激越的自我，進入平靜虔誠與那充滿了宗教氣氛的〈第九交響樂〉的樂境。

的確，當詩已成爲詩人內在生命活動的線索，那麼，當詩人面對「時空、自我、性與戰爭」等四大生存與創作的主題時，「時空」這方面，給於心靈所交加的深遠與莫名的逼力，好像總是一直增強與從不放鬆的，它也許是給任何人尤其是詩人與哲學家的思想，予以重大考驗的一種最基本與巨大的力量。難怪我創作的生命一開始，於不知不覺中，也或多或少接受它的給予，經過近三十年漫長的歲月，這種對時空探索所形成累進式的感受與體認，除了助長我詩生命向這方面有所開拓外；也無意中，使我對目前許多人在辯解中的另一個文學主題「鄉土」，有更深一層的了解。

此刻，在我內心的視境中，透過詩以及文學與藝術的觀點，「鄉土」——它的存在，何止限制於一個人或某一些人生活中的那塊狹窄的地理環境！那只是其中可愛的一部份：當地球在茫無邊際的時空中旋轉時，我們的精神與內心在靈悟中，是否已躍進入那塊更爲遼闊廣大的「鄉土」了呢？並眞正的抓住「鄉土」的深遠的「心」，而指認出上一秒鐘經過的「地方」，也是鄉愁最濃與令使人類感懷不已的「鄉土」啊！甚至直接地說：「記憶」就是最大的「鄉土」。

誠然詩與文學在根本上是喚醒記憶中的潛在經驗，使之趨向眞理與原本的人性，而同永恒的感覺接合，所以在一般看來，從事內心作業的文學家、藝術家，尤其是詩人與哲思者，都往往是或多或少無意或有意地把創作的心力，去對時空進行沉思默想；去處理人對廣漠時空所產生的莫名的鄉愁。

民國七十八年

寫作環境的邊緣力

談到我個人在寫作時，有那些較特別的習慣，我從過去的創作經驗中，還能找出一些來。

由於我一直把詩創作當作內心至爲虔誠與專一的精神作業，所以必須將生命全部的投入；同時我從小非常喜欣古典音樂，在其中，不斷獲得對一切存在的「美」的感應力，確有助於詩創作美感空間的展開。所以我常常在寫詩前或寫詩的過程中，有播放貝多芬與莫札特等大音樂家音樂的習慣。一方面是讓「美」的樂音，對內心世界進行清場工作，以便帶動精神思想與情感進入屬於詩藝術創作的美感空間與純境；一方面使音樂中潛藏着無限的美的律動感與沖激力，去加强詩中的節奏感與聲勢，以及推動我內心與一切接觸時，直往其頂點與深層發展的動力，而抓住詩創作較强的實度、深度廣度與質感。

記得有一首爲紀念貝多芬逝世一百週年紀念，所寫的一百多行長詩「第九日的底流」，便幾乎是在創作中不斷播放與我創作心態有關的貝多芬「第九交響樂」，並將所有的窗簾放下，形成一暫時與外界隔絕，有如深夜般沉靜的純粹空間，好讓詩伴隨着帶有宗教性與奧秘感的音樂，進入溢滿膜拜嚮往與虔誠的內心世界，去進行對時空與生命存在，做沉思默想的抒情工作。

的確，由於我始終領悟到像貝多芬那樣偉大的藝術家，他們的樂音，不但是生命存在的永恒的聲音；也是詩的聲音；甚至是「神」的聲音，能將一切帶回到原本與純美的世界，而這與高超卓越的詩境，確實是很好的芳鄰了。因此我在寫詩前或寫詩時，常播放古典音樂，做爲情思活動具有互動性與回應力的背景。

此外，我在寫作時尙有一些較特別的習慣，就是往往爲了找一個更精彩的動詞或形容詞，或當詩思快要達到表現的極致與顚峯狀態時，忽然被堵住，停下來打轉，我就會從座椅上站起來，埋着頭在屋子裏打轉，來回的走，直至想通了，有驚異的發現，方緊抓住思想坐回去再寫。這情形，若被不知情的人看到，必會說：「你神經病呀！在屋子裏走來走去……」，而我心裏想，那才不是什麼神經病；相反的，是腦神經要求向格外靈敏與靈通的方向去工作的時刻。

有時當我要寫一些具特定題材的詩，譬如有關教堂，以及具有都市特殊生活形態的咖啡廳與克拉ＯＫ……等，我會特別去做禮拜，坐咖啡廳與到克拉ＯＫ跟着衆人一起跳……，若不能當時將詩完稿，也會記下或留下具臨場感的特殊經驗與精彩的意象，做爲創作基本的骨架與藍圖，回家再反復的思考來下筆。同時在每一首詩寫成之後，我都有一個習慣，除了用盡心思再去看它兩遍，尙須去讀它一兩遍，以求詩中呈現更美好的節奏感與音樂性。

雖然上面說的那些習慣都沒有什麼怪異與特異性，但畢竟是我個人的一些寫作習慣，本來我也像一般作家，在寫作時有猛抽煙的習慣，有一次因在一天相連抽了三包，當我從坐椅站起來，天翻地轉，伏倒在地上，生命幾乎離開我而去。蓉子害怕得手腳失措，我好久才恢復神志，那是五年前的事，我當時便發誓將寫作不能不抽煙的這一項習慣根除了。

民國七十四年

一封談及「人」與「文學」的信

抱一教授：自從那天與你見談過後，我覺得你是一位能談能解說藝術文學與人生等深入問題的一位學人，由於你留臺日期太短，又那麼忙，有些話便只好在信上去談了。

目前人類世界，被當代思想家斯賓格拉(Osward Spengier)、湯恩比(A. J. Toynbee)與索羅金（P. A. Sorokin）等人，指爲文明危機的世界。斯賓格拉認爲人類已面臨文化的多季；湯恩比認爲人類在科學高度發展的情形下，若無力向這一絕對優勢提出挑戰，則人類精神在順服中，便難免趨向癱瘓；索羅金更覺得人類文明發展到極物的階段，因其逐漸取代了人內在的奧秘性與形而上性，故導致心靈活動的萎縮。這些指控，我確信任何一個具有靈智與醒覺性的人，都必有同感，尤其是對開發人類內心空間的詩人與藝術家，更是一個重大的生存問題，究竟對這個已顯示精神文明衰微的世界，能否爲力呢？

你深受吾國文學思想的給與與影響，而且又一向生活在富於藝術氣氛的法國，對歐洲文藝思潮具有深入的了解，尤其是你也充當過里爾克精神世界的評介人，從你評介的文章中，可見你確是一位具有內心空間與强調精神存在的學人。

像詩人里爾克那樣穿越流變的時空與生存的現象面進入內在去做審視與靜觀，抓住一切存在的穩定性與永恒感——這股精神力量是否對現代文明危機，具有湯恩比所說的「反應與挑戰」之潛力呢？至少我確信它是有的，不然在我們生存的內在世界中，豈不空寂與找不到迴聲了嗎？而且當我們站在整體性的時空觀念與生存價値上，我一直堅信，里爾克不斷向一切內在探視的精神，是事實上較金士堡以及目前患「流行性感冒」的現代詩人對現代文明的衰微所採取的脫出與疏離之態度，顯得沉着穩實且更具心靈教養的。因爲當我們注視「里爾克」時，我們確像看見事物與生命的內在的核心，或許說是看見了一個存在於永恒與寧靜世界中之「神」；至於率直的大多數現代詩人，則的確顯得浮動與不夠深沉了。我無意要求具有內心空間的詩人與藝術家，都應或多或少地具有里爾克這樣深沉的精神之底；但我們應該體認到凡是從里爾克內心中流出來的，都可能是令使人類乃至上帝也沉醉的「酒」，它確較人體的血液更重要了。

我深信，要想人類精神從外在感知的經驗世界中超昇，並轉向內在無限神秘的悟性世界，使心靈的活動，由萎縮與僵化的情況，煥發起來，「里爾克」這一個進入永恒之美的追索中的名字，確是一個象徵着希望的名字。事實上，當科學尚不能分析與控制人類內心中那個深遠與神秘的活動世界時，也只有像里爾克那樣卓越的心靈，方能確切地工作到那裏邊去，而維持住人存在的無比的尊嚴。

不可否認的，當科學萬能的力量，不斷將大多數人推倒在物慾世界裏，人類的生存形態，在都市化的環境中，顯得越來越機械化與偏向官感之反應；越來越遠離里爾克式的內心世界，致使精神文明趨於衰微與面臨威脅。順着此趨勢發展下去，如果眞的有一天，科學出現新的奇蹟，能將人類所有屬於文學性與藝術性的內心活動，當作一含有能量的「物體性」來處理分析與解說時，那麼我們聽古典音樂與讀詩，內心所引起的「感動」，科學均可說明出這種「感動」的來源，究竟是由人類身體內部那些器官的反應與給出的能量所形成的，假使這種「感動」，在科學精確的化驗與分析下，計算出是由X＋Y＋Z……等的物質能量之合力產生的，則科學家便可利用這些可把握的分子之能量，去大量製造這種近似甚至相同的「感動」。此刻，它便不但是詩人與藝術家而且更是「人」的遭受放逐與破壞了。因爲「人」的內在活動，既可由科學的力量來策劃與營造，人便被推入機械性與物性的存在結構之中，而非存在於內心的神秘之境了。

人類一旦面臨這種難局，詩人與藝術家是否仍能繼續像以往那樣，去堅持與創作那份屬於內心的拒絕科學分析的「美感」？到時，大多數人在嚴重的物化情況下，是否仍有信心與興趣去接受這種內心的「美感」？縱使我也在某種程度上，疑慮科學的魔力，會不斷揭穿與損壞人類內在神秘的空間（上帝在現代之被懷疑，便是其實之一），有如太空船登月，使「嫦娥奔月」的聯想世界暗了下去。可是我仍深信你的話是具有深見且不凡的，你認爲宇宙間，是永遠埋住那征服不了的神秘性與形而上性的，我也覺得，光是這一點，便足夠鎮定與容納科學瘋狂無阻之力，去進行它永遠進行不完的「揭發」工作了。可見科學的力量，永不能完全征服宇宙生命的神秘性，反而宇宙生命無限的神秘性，可不斷滿足科學力量的追索。所以我仍堅信心靈活動的形式，是未來的科學方程式永不能取代的，因爲科學方程式是屬於「玩具世界」的；心靈是能探入宇宙生命無限的深境與奧境而存在的，所以里爾克以及我們偉大的詩人陶淵明當他們一超越科學的「限境」，而探入宇宙生命的根源及其無限神秘的內境，科學神奇的機械的「手」是永遠不能達到與觸及的了，這也正是人類精神文明的最後與澈底的勝利。這項勝利，同時證實了你的卓見：「再度確定詩人與藝術家的尊嚴」是對的，除非我們將內心神秘的空間割離，使精神面臨物慾文明，完全失去挑戰的抗力，而被瓦解。

我在詩與論文中，一再强調內心的空間，絕非將詩混進哲思世界中去，我只覺得唯有這樣，方能衝破目前許多詩人所追索的「現象性」，而更深入地觸及與勾住內在的「延境」，自然地從生命的內涵世界產生出類似湯恩比所强調的「挑戰」之精神力，將人類從極物的空虛與死亡的幻滅之境，提昇出來，而轉向內在的永恒的美之追索中。在這一思考的基點上，我的詩作「第九日的底流」、「麥堅利堡」、「都市之死」與「死亡之塔」以及大部分短詩，便都有着這種嚮往與企圖——望能透過語言與藝術性，把握住「詩」；同時也把握住那一切的存在，同宇宙的永恒世界發生某些可能的關聯性。

的確，由於彼此的交談，你語言所開放的那個具有引力的世界，不但使我們之間獲得內心中的會見，而且更使我抑制不了那份激動，而寫這封信給你。並在此特向你致意，由於你是「里爾克」的評介人，你當然也是內在的「人」的評介者了，多麼不凡的心靈作業！耑此

順祝

安好

羅門敬上

六十九年十月

同文藝走完我的這一生

我與文藝相處已三十多年，如今，無論外在的現實環境以及過度的物質文明對文藝有多大的不利，我仍要繼續與它相處下去。這種堅持，應是做爲我個人存在於世，透過文藝深入的探索所不斷體驗與追認出來的。

雖然年輕時代，我就已愛上詩與古典音樂，尤其樂聖貝多芬的音樂，以不可抗拒的「美」與「力」，老早就衝擊且豐富著我年輕的美感心靈，在歲月中潛伏著一種驅使我生命偏向文藝愛好的基本動力，但那畢竟只是愛好而已，至於從事詩的藝術創作，應是在民國四十四年，同當時已聞名的女詩人蓉子結婚後，方正式開始的。

在近四十年的創作生涯中，由於蓉子在現實生活上也出力，故沒有家累。尤其是在我們爲了創作，有計畫的從機關提前退休，獲得更多的時間與自由來專心從事創作，因而便也很自然的同文藝結下不解之緣了。

越是同詩與藝術在一起，便越是發現不能離開它，因爲我已深深的自覺到，離開它，等於是離開了我整個自己，甚至是離開了我心目中所確認的眞實的人與世界，對我來說，一切會落空。

至少我是持這樣的看法，尤其是在目前價值混亂的現實世界，是非不明的功利社會，很多事情好像越來越變壞，與不眞實，便更令人確信，只有在那平行於宗教性的詩與藝術的超越與昇華的「美」與「眞實」中，人方有可能獲致眞正的良知良能與智慧以及接近眞理與永恒；反過來，如果詩與藝術的技巧與符號，不能展現這種美好的功能，則其存在的價值與意義勢必低落，絕不會達到最後的高點。

我一直認爲眞正的詩與藝術，能確實將「美」與「眞實」的內容，送進人內在的生命裏來，改善人生命的品質；同時我發覺人的生命，是一件活的藝術品，一首活的詩；人從搖籃到墳地的整個過程，是詩與藝術的過程，人整個活動空間與形態，是詩與藝術活動的空間與形態。這樣，人與世界，才會好看與耐看些。

如果我們更深一層地探索詩與藝術的存在，它已事實上，在將一切推到「美」的巔峰世界之過程中，能有效地防護與美化人類生存內外空間，免於污染；能將人帶回原本不受扭曲的「純我」之境，進而覺知到凡是沒有能力維護「純我」，而將「純我」不斷解體，變成現實功利社會框架中存在的材料，都是可悲的。因爲在詩與藝術淸明的鏡面上，不眞實的存在，都是空的，甚至等於死亡。因爲人的形體生命，只是一個容器，理應隨時將美好的內容裝進去。在人生有限的時間裏，如果裝進去的，大多不是心願的，不是眞的，是勢利現實迫著裝進去的，是虛僞不美甚至是惡質與敗壞的，則「生命」的存在，便是在大打價值的折扣，甚至是在自覺中從事自殺，或在不知不覺中接受他殺。

人類要防止這種劣象與危機，除了詩人與藝術家，尚有聞名的思想家如湯恩比、政治家如甘迺迪等都一致認爲有賴於詩與藝術的救助力量。尤其是在目前不擇手段「政客屬性」以及「黑槍」大行其道，存在價值失衡的勢利社會。的確也只有從文化中躍昇而出的詩與藝術，方有切實可靠的力量對理想中美好的「人」與「世界」，進行有效的保全工作。

在詩與藝術不斷對「人」與「世界」探索與追蹤的過程中，如果我們以詩眼來看，以世界觀以及宏觀與微觀的觀點來看，我們會徹底地看見，世界上最美的人羣、社會與國家，到最後絕不是錢與機器造的，而是由詩與藝術造的；太空船只能將我們的臥房、產房、厨房、廠房、賬房，焚屍爐搬到月球與外太空去，而人類內在最華美的世界，仍需要詩與藝術來搬運。這種認定，在三十年前就潛藏在我寫過的這段話中：「由詩與藝術創造的『美』的心靈，如果死亡，太陽與皇冠也只好拿來紮花圈了……詩與藝術在我看來，它已成爲一切完美事物的鏡子。」同時可更進一步發現人在詩與藝術的超越中，方能眞正的了解自由以及接近眞理與永恒。

當然持這樣的認知，做爲一個有良知有原則有是非感的詩人與藝術家，是難免有孤寂感與存在的悲劇的，因爲現實社會往往將「假」的，用美麗的包裝傳達出來變成「眞」的，而詩人與藝術家在現實生活中，總想把「眞」的傳達出來，卻往往被歪曲得面目全非。難怪陶淵明與王維，爲保全不被污損的「純我」，便一個退隱田園，一個流連入山水。如果堅持「眞我」，採取尼采式的不妥協的穿越，那雖較鄉愿與是非不明唯利是圖之徒，活得有價値、有眞實感，但心靈受到現實的傷害也是難免的，這是任何一個詩人與藝術家自古以來，都體會得到與躲避不了的，除非主張詩品與人品、文格與人格完全分開。然而我們怎能忘記「贏回世界，却輸掉生命」這句驚惕世人的名言?!

由以上所說的，可見文藝已成爲不斷啓導我對自我、生命、對人、對世界往深處探求與認知以及對存在價值做判定的力量。這種隨著歲月深化的意念便使我持有更多的毅力與決心，接受更大的考驗與挑戰，去同文藝走完我的一生。

民國八十年九月五日

詩的追蹤

又快放暑假了。如果是在幾十年前的農業社會，大家放假都會從城鎮回到鄉下，在恬靜閒適舒暢的田園風光與大自然景象中渡過。此刻臺北市公寓樓頂的盆景，都要回到廣濶的綠野；那飛越臺北市空的人造鳥——飛機，都已飛成樹林間的鳥羣；臺北市車水馬龍的街道，都也流動成鄉野潺潺的河水……生活的情景便顯然不同了。

此刻，你如果就像幾十年前放假回家，住在鄉下，而且靠近你家，正好又有一條江從窗前流過，你靜靜的躺在枕頭上，很愜意的看江水流動的樣子，聽江水流動的聲音。於是內心便湧起了一些莫明的情緒與美感，自然地要你去寫下一些什麼：

㈠你也許毫無考慮地寫下這樣的句子「我躺在高高的枕頭上，聽窗外江水流動的聲音。」

㈡你也許寫下像古詩人張說那樣的詩句「高枕聽江聲」。

㈢你也許寫下像大詩人杜甫那樣的詩句「高枕遠江聲」。

在這三種不同的寫法中，誰也想不到竟將詩的界線，劃分得那麼的清楚與明顯。

這些年來，爲推廣詩的影響力，我曾一連串被邀請在大專院校與文藝營去講詩，幾乎每次同學們發問，都問到這同樣的一個問題：『詩與散文有什麼不同；那樣的詩是不好的詩，那樣的詩才是好的詩。』」

我總是不忘以上面的三種寫法，來做例證。我一直覺得，如果確實有詩這一特殊的文學形態，則在我經過三十多年從事詩創作的經驗與體識中，便對詩有了這樣的認定。

(1)語言必須是「詩」的；它必須精純，有言外之意，有韻味與音樂的節奏感。

(2)思想必須是「詩」的，應有詩的情思與意境。

(3)絕不同於其他文學類型——如散文、小說與報導文學等。

依此，則可看出：

上面的第一種寫法「我躺在高高的枕頭上，聽窗外江水流動的聲音」，顯然是散文，非詩。因爲它的語言冗長，不夠精純，沒有言外之意，缺乏韻味與音樂的節奏感；同時只是說明所做的一樣事情，沒有詩的意境。

上面的第二種寫法「高枕聽江聲」，確是詩，但並非好詩。因爲它的語言，雖精純，也有音樂的節奏感；但仍然像第一種的寫法，只是說明高枕聽窗外江水流動的聲音那件事，沒有言外之意，也一樣沒有詩的意境。

上面的第三種寫法「高枕遠江聲」，便不但是詩，而且是好詩。因爲它的語言不但精純，有言外之意，有音樂的節奏感，而且也有詩的境界。至於如何來看出它獨具有境界？若說因它是大詩人杜甫的，所以必有境界，那是缺乏說服力的。而事實上，是因詩的動詞『遠』字，取代『聽』字，方產生境界的。當詩中用「聽」這個動詞時，語言仍是在散文說明性的兩度平面（或單面）空間裏活動；但當大詩人杜甫改用「遠」這個動詞時，語言便進入三度空間，以三個活動景面，架構起詩思活動的立體空間，而獲得詩的境界。

「遠」字產生的第一個活動景面，是江水流動遠近的感覺；「遠」字產生的第二個活動景面，是江水流動的遠近感覺，帶來周圍景物移動的變化狀態；「遠」字產生的第三個活動景面，是微妙的流露出作者的心態——隨着江聲的遠去，往事該如何回首；遠方該如何化爲煙雲，進入「空茫」與「迷濛」，此刻何止是遠去的江聲，眞是處處都響起生命與歲月若即若離的回聲，令人產生無限的感懷與遠想。

大詩人杜甫一千年前，在詩中，已將上述的三個活動景面，架造起立體的詩境，使一切由外在有限的說明，移轉爲內在無限的感知。一千年後，西方藝術大師畢加索在藝術中，所推動的立體視覺空間觀念，使一切由平面進入多面性活動的立體視境，可說是在美學上的一種微妙的互應；也可見我國詩藝在創造上的卓越表現。怎能不重視！不重視，世界便回到平面與表面的說明中，交給散文與報導文學去處理，便夠了，何須寫詩。

詩的確是不同於散文與小說的，它是一種特殊類型的文學。因爲它的語言，具有超出語義，進入言外之意的多面性世界去活動的功能；也就是說它具有想像(與意象有關)的翅膀，能使語言自兩度的平面空間，升越進入三度、四度，乃至N度的立體與圓渾空間去工作，而把握一切事物活動更廣濶的內涵與幅度。

因此，我曾做過這樣的比喻：詩是長有想像翅膀的飛機；散文是在語言亮麗的高速公路上，奔馳的「跑天下」(旅行車)，當讀者說某人的散文，寫得像詩，那便是因爲它語言在亮麗的高速公路上，帶着美麗的景物在奔馳，好像要飛起來，其實它的輪子，仍貼在兩平度面空間的地面上，沒有飛起來，故仍是汽車，並非飛機；仍是散文，並非詩。同樣的，當詩被視爲「飛機」時，如果語言的輪子，却一直在兩度平面空間的地面上滾動，沒有飛起來，則事實上，仍屬於「汽車(散文)」的行爲形態。譬如陶淵明，他詩語言的輪子，在『採菊東籬下』的現實地面上滑動一下，便很快的拉起來，飛進「悠然見南山」的N度無限空間，去抓住「詩」。如果他一直停留在「你採菊花、我採菊花」的現實地面上打轉，那豈不也等於飛機一直在跑道上滑行，飛不起來，而變成「汽車」了嗎？的確，目前許多詩，都像是「汽車」，而不像「飛機」；都大多向「散文」世界逃奔自由。至於小說，則大多是將「現實事件」載得滿滿的十輪大卡車。它的輪子，重重的壓在「現實」的路面上，有時還要按時按地的闖入「大街小巷」，怎能像「飛機(詩)」飛起來？當然也不能像「跑天下(散文)」那樣瀟灑的直馳。卽使海明威、卡繆與卡夫卡等人的小說，也與詩有關，但那只是整本小說的精神面，含有詩的象徵意味。而語言的形態與走向以及整個發展過程的呈現，都大多與詩乃至與散文有所不同。

當詩被看成「飛機」的形態。過去我有一段日子，曾學過飛行，雖一個人駕着飛機，坐在飛機裏，但當時不會想到自己是坐在「詩」裏。最近有一次我因到南部演講，趕時間，坐在別人開的飛機上，而且是飛在雲上三萬多呎高的上空，而雲上，只是那無限的「藍色」與純粹的「透明」，像是宇宙的藍色水晶大厦；在雲下，此刻，也好像只剩下煙囪、砲管與十字架；或者尚有一座座都市，在大藝術家包浩斯的眼睛中，像「裝置藝術」中的玩具車，被時間與速度牽着跑。從機窗裏望出去，沒有山、沒有水，季節凍結在等溫的同溫層裏，那無限的藍色世界；那千變萬化的雲山雲海；那逼迫我「雙目」必須「跪」下來看的無比壯麗與奧秘的宇宙景觀，使我頓悟自己此刻坐在「飛機」裏，同時也是坐在想像之翅無限地自由展放的「詩」裏。在想到陶淵明無限地超脫的「南山」與王維將個人投入宇宙生命龐大架構中所建立「山色有無中」的渾然世界，誰不或多或少的嚮往！我也曾在「窗」詩中做過相有關的試探。在「窗」詩的開始「猛力一推／雙手如流／總是千山萬水／總是回不來的眼睛」，好像有與「南山」、「山色有無中」詩境掛勾的可能；但最後却在詩中的「猛力一推／竟被反鎖在走不出去的透明裏」，被迫脫勾了。爲什麼推「窗」進入「無限的透明」，却不能進入「南山」與「山色有無中」無限的悠然境界？『透明』反而是鎖住內心於孤寂狀態中的困境，這是否由於現代人從田園一元性的自然觀，進入都市二元性的自然觀，所形成古今詩人無法完全相同的精神境界；也許更是由於生存的實際情況所引起的。譬如在週末，成千成萬的人，肩膀碰肩膀在走，大家都匆忙得好像不認識，像在重疊的底片中翻找自己。如果眞的從「複雜」的狀態中，將自己找到且抽離回到「純我」的位置，反而感到「自我」孤懸的恐懼。除非人跳出都市文明緊張、不安、焦急孤獨、寂寞的生存面，離開「『擡頭望明月』，低頭發生車禍」的荒謬景況。可是高速發展的都市文明，已越來越像是一巨大的吸塵器，將人狠狠的吸住。於是在行動化、物質化與劇變性的實際生活空間裏，人如何「靜觀」與滿懷「空靈」的進入「南山」與「山色有無中」的境界？在「嚮往」與現代人生存不可奈何的「背離意識」中，我便也順乎自然且誠摯的走進了「猛力一推／竟被反鎖在走不出去的透明裏」這一精神的新的體驗世界，去站在不同的年代與時空位置上，創造與古代詩人同中有異的具緣發性與悟知的詩境。

這一緣自十五年前「窗」詩中所引起內心對存在的特殊覺知與感悟，直至此刻，我超離二元性的都市文明生存面，被飛機送返一元性的渾然的大自然中，仍無法完全清除與忘懷，仍無法像陶淵明與王維帶着同樣平靜的心情，走進「南山」與「山色有無中」那樣的境界。也許因爲他們當時只看到「白鳥悠悠下」，看不到把天空幾乎震破的人造鳥——飛機。有了飛機，生存的整個天空便不能由鳥獨飛，勢必由「鳥」與「飛機」在天空裏舉行一次史無前例的高空會議。

於是在開會時，鳥對飛機說：

「你們西方人的太空船，飛得再高再遠，也無法飛進我們東方人的『南山』與『山色有無中』裏去。」

飛機則對鳥說：

「不錯，你們東方人的『南山』與『山色有無中』，都高都遠得只有『心』能夠進去。但是你們到歐洲旅行，要不要坐飛機？過舊年到超級市場辦年貨，是繼續用算盤，還是用電腦呢？」

這次會議，最後是決定由「鳥」與「飛機」同時接管整個生存的天空，讓「千山鳥飛絕」飛來的靈運空間，與「飛機」帶着儀器飛來的理運空間，相互併存；使「自然」與「人爲的自然」，使「腦的理知」與「心的感知」，同時在詩的創作中開發新的能源與境域。

這情況，在我此刻被飛機帶到雲上三萬多呎高的上空，進入幾乎忘我忘世的宇宙與大自然的渾然景觀中，心裏湧出下列的那些詩句，便似乎在無形中獲得了證實：

「千山萬水
何處去」
「千飛萬翔
翼在那」
……
「在沒有終點站的渾沌裏
問時間　春夏秋冬都在睡
問空間　東南西北都不在」
「太空船能運回多少天空
多少渺茫」

（摘錄「飛在雲上三萬呎高空」詩中的部份詩句）

在上述的詩行裏，我深深地體驗與發現到詩中所展現的美感經驗與心靈空間（境界），顯然是與古代詩人同中有異的。「同」是彼此均企圖由詩中進入人與自然相渾和存在的靈悟狀態；「異」是古代詩人進去，是從不受現代文明影響下的「第一自然（田園）」，直接進去的；而我身爲現代詩人是必須經由「第一自然」穿越由科技製作的「第二自然（都市）」過後，再轉進去的。這中間的心況與心境怎能完全相同！上面也已說過，古代詩人，站在兩度平面空間的『地面』上觀看一切，仍有山有水，有花有鳥，以及有春、夏、秋、冬的時間觀念。所以柳宗元的「獨釣寒江雪」，仍是從「江」與「雪」轉化與昇華進入靈悟中的荒寒之境的。陶淵明的「悠然見南山」仍是由「採菊東籬下」有「菊」有「東籬」的地面實景，升越起來的；王維的「山色有無中」也是由「江流天地外」有「江」有「地」的實境超越出去進入無限的悟境的。而我是被飛機送入超離地面的三萬多呎高空，在無山無水與等溫的空茫世界，在古詩人所沒有的這種美感經驗與特殊的存在情境中，去企圖表現那具有「實際的立體空間感」，且有異於古詩人的靈悟的詩境。這也就是說，如果在「問時間／春夏秋冬都在睡／問空間／東南西北都不在……／太空船能運回多少天空／多少渺茫」等詩句，對宇宙萬物存在所產生的靈悟情境中，也呈露有「圓渾」感。則這「圓渾」感中的「圓」形，是有西方科學性的「立體空間架構」包容在其中的；而王維詩中的「山色有無中」與陶淵明詩中的「悠然見南山」，其詩境所呈現圓渾感中的圓形，只是在純然中「昇華」的圓，並沒有納西方科學性的實際立體空間感；也沒有接受現代科技文明沖激的影跡。

這種相異性的提出，只是說明現代詩人站在不同於古詩人的年代與時空處境裏，也是在盡心盡力的去探索與建立一己新的創作意念與境域，並在與古詩人同中有異的情景下，向前推展具現代感與前衞性的創作勢力；以表現現代人新的美感經驗與心象活動的實況！

民國七十五年

詩會死嗎？

由於工商業與物質文明高度的發展，人的生存空間，幾乎全被「物慾」佔領，致使人被迫從形而上的靈境向形而下的物境逃跑，成爲物質文明的奴隸；成爲一頭追求物慾滿足的文明動物。於是人精神存在的最高境界——空靈，便倒轉成「靈空」的狀態。在目前，「文化」已門不過「消化」，於是再薄的「牛排」，也較厚得不能再厚的「好書」貴重。於是出好書的出版社，支持不下去，相連面臨關門的命運；於是長篇小說改爲中篇再改爲極短篇，仍是找不到讀者，乾脆把文學變成幾句說得夠刺激的俏皮話去吸引大衆。本來詩用的文字，也很少，應有利於被「物質」、「行動」、「速度」追趕得氣都透不過來的大衆，順便看看。但因爲比散文與小說字數都少的詩，不只是把文字讀出來，還要想到「超以象外，得之環中」的無限境界裏去。

譬如陶淵明寫：「採菊東籬下」，如果接下來寫：「董事長採五朵／總經理採四朵／業務主任採三朵／業務員採二朵／工友採一朵／從早採到晚／從生採到死／最後悠然見『金山』……」或者大多數人會看得懂，也與現實的他們有關，但陶淵明接着寫的是「悠然見南山」那無限地向精神展開的悟境——詩的境界，這不但他們看不懂，也與他們的偏於功利的現實人生無關。他們雙目死盯住的，是從銀行窗口看到的「金山」，非在詩境中超越與昇華的屬於內在世界的具有永恒感的「南山」。

因此，事實上，在目前「金錢」掛帥的生存環境中，價值觀迷失，越來越現實勢利與佔更大比例的多數人，是與詩無緣甚至絕緣的。這對大多數人來說，詩的確是等於死的。

詩除了普遍地死在這絕大多數人的心中，尚有其他不少的死況，發生在曾愛詩甚至也寫詩的少數人的心中，便形成詩的相當可怕的流行與蔓延性的死症。難怪不但愛詩甚至寫詩的人，都曾有人公開提出質疑，詩會死嗎？甚至承認詩將死或已經死了。

讓我們深入地追踪與透視問題的眞相，就會出現下面的答案：

(1)充滿了美的想像、夢想、理想的每一個年輕人，都或多或少的感染過詩情與詩意，也曾愛過詩，但這種非經體驗與認知的愛好，是很嫩、很脆弱的，只要現實一個强大的波浪，就足夠使之淹沒，而在他們的心中，便很快的宣告詩的死亡或失踪。

(2)雖然有不少人曾寫過詩，也曾是詩人，但對詩缺乏徹底的認知，看不出詩在「人」生命中的重要性與永恒的價值，便缺乏對詩所必須具有的那種近乎宗教性的嚮往與專誠。因而往往在發現寫詩這種賣力不討好的行業，於同現實名利社會對質時，便很容易變節，斷然放棄寫詩接受名利的現實。同時那較偏向庸俗、鄉愿、勢利與唯利是圖的現實社會，一向是對具有純正人性與良知的詩心，有所傷害，甚至使之窒息而死。這也往往是詩人親手將詩殺死，而在心中宣告詩的死亡。

(3)由於「靈動空間」與「物化空間」的對抗，在越來越偏向物質化、行動化與極端功利化的世紀末生存環境，「物化空間」，不但佔優勢，而且是佔壓倒性的優勢。幾乎將「靈動空間」整個掩蓋。使凡是從「靈動空間」展現的看不見的形而上世界，全遭封閉。這種封閉，便正是逼使詩本身向「超以象外」走入無限的悟境之路中斷；也是逼使詩走上絕路。當「空間」被「物」佔滿，被「吃、喝、玩、樂」霸佔，則帶着超越與內在觀照精神的「詩」，便無處可落脚，只好在大衆沒有興趣讀詩，出版社沒有興趣出版詩，書店沒有興趣賣詩的情形下，面臨沒落與消失的危機，詩如果被殺死，那握刀者，便是被「物慾」監控的「物化空間」。

(4)由於詩使用的傳達媒體——語言，在視覺影像大行其道的目前世界；在大家都想在同一時間內得到文學性、繪畫性、音樂性與舞蹈性等各方面的滿足，則事實上，詩的語言是較電視與任何視覺藝術缺乏直接的吸引力與快速傳達的功能。因而，詩的行情較其他藝術低落，詩被大衆接受的可能性與發展的空間都小，是可見的。這種不景氣與失落的情形，應是在於詩本身所使用的傳達媒體——「文字」的輸送力，在高度行動化與快速外射性的存在世界，互動性不夠，配合不上來，所引起的。

縱然由上面所揭露的眞況，確使社會大衆、文藝界人士乃至愛詩與寫詩的人，都難免對詩發展的前途擔憂，甚至有人對詩是否會死發問，而我仍堅信詩永不會死，詩是一種「前進中的永恆」的存在。

理由是：⑴「詩」可轉化與昇華一切到達「美」的巔峯世界，除非這個世界，被愚蠢的人類拋棄。

⑵「詩」的眼睛，可幫助人類看見世界上最精彩與最「美」的事物。

⑶上帝星期日到禮拜堂來看人類，也多是從讚美詩中走過來的。

⑷古、今、中、外所有偉大的文學家乃至畫家、雕塑家、音樂家、舞蹈家與電影導演，他們雖不寫一首詩，但他們潛在的創作生命中，必具有詩的質素——詩的觀視的卓越與精銳的視力，去發現「高見度」與「高質感」的創作世界。

⑸「詩」的「超以象外」的無限象徵與悟知的「無所不在」的「在」，它可潛在其他文學繪畫、雕塑、音樂、舞蹈、電影乃至哲學科學與宗教的世界中，甚至存在於大思想家湯恩比所認爲的「進入宇宙之中，之後之外的無限眞實的永恆世界」之中，像王維「山色有無中」的世界。

⑹如果沒有「詩」，人類會失去最豐富最自由廣濶與最美的想像空間，嚴重影響到人類各方面的創造思想；如果沒有「詩」眼，世界雖不至於完全瞎，也會丟掉最美與最精彩的看見。

⑺「詩」是人類精神思想「美」的高層建築：「詩」也是人類智慧之庫的金鑰匙，無論是任何形態的創造者，都會在有意或無意中用到它，就是上帝住的天國，也用得上，不然，整本新舊約聖經，用什麼來寫？

從以上幾點（當然尚有）可看出「詩」在人類世界裏，永不會死，也絕不會死，除非人類全都死了；或許不認識詩以及雖寫詩也不徹底了瞭詩的人，才會擔憂詩會死。即使退萬步想，在急速、匆忙與行動化的都市生活中，有影像與聲音的藝術創作表現，對人們較有貼切、直接與迅速的吸引力；而詩目前住在「語言」已顯得偏遠與冷僻的「屋子」裏，當然在急着追索物慾與快感的都市人的眼中，是不會醒目的，確有被漠視與冷落的情形；但這絕不能說詩將死或已經死了，其實越是「高品質」經過藝術創作的「影像」與「聲音」，便越是有「詩」在裏邊。所以有詩人曾實驗寫「視覺詩」，企圖乾脆將詩從「語言」的老屋搬到「影像」的新屋裏來，甚至有時詩在參與影像、聲音等多元媒體藝術表現時，常處於看不見的主導位置，提供整體性的掃描、審視、精取、統合與監控的功能。

所以詩是帶着一切在「美」中進入「前進中的永恆」；所以詩永不會死，詩已是一種永恆的存在。

〔註〕「前進中的永恒」是我對人類後現代思想可能偏向於「存在與變化」的低層次的消費思想性格，而提出防範。因爲「前進中的永恒」，既包容有「存在與變化」，又能將之提昇入思想高層次的具有持續性（就永恒性）的存在世界。

民國八十一年

去年在IOWA城

——談「詩眼看中國文化的卓越性」

十一月下旬，愛荷華城下着大雪，我與蓉子在這裏參加愛荷華大學舉辦的國際作家寫作計畫（INTERNATIONAL WRITING PROGRAM）會議，一轉目，已快三個月，這項活動也近尾聲，望着窗外的雪景，想起這段日子，參加各項文學活動，發表論文、誦讀作品、到其他州大學去讀詩、談詩，以及參觀不少大型農場工廠、到密西西比河、尼加拉瓜瀑布與大峽谷……等名勝遊覽，眞是從內心中深深感到那確是一次極爲充實與愉快的文學之旅。而活動結束返臺的時間只有一個星期，對着屋外那片白茫茫的雪野，如果那是一張畫布，從記憶中流出的依戀之情，更不能不入畫了。

就在我們與雪一同進入沉靜思境的時刻，電話鈴響了，我拿起話筒，說話的不是講英文的外國人，而是曾請我與蓉子到他家中作客的鄭燊甫教授，他是美中國建會愛荷華分會會長，他說他們的分會月底將在燕京大飯店舉行新舊會長改選，屆時有晚宴，邀請我們參加，並希望我們在會上做三十到四十分鐘的演講，我們雖感到一份榮幸，但他們都是海外中國的學者精英，我們難免有些惶恐，可是由於鄭會長懇切的邀請，我們也只好勉爲其難的答應下來。

爲了表示愼重，鄭會長事先還冒着雪專程將正式邀請函送來，這份盛意，使我們感激，也多少帶來一些人情上的壓力。在那晚的盛會上，燕京飯店擠滿了數十位貴賓，其中有工程學院院長、腦神經科系主任、數理系主任、美術設計科主任……等學者教授，而鄭會長更是愛荷華大學資深的名教授，幾天前報紙曾報導他在愛荷華大學任教滿二十五年，榮獲市長頒發金鑰的殊榮。面對這樣的演講場面，可說是第一次經驗，難免也感到一些壓力，因爲他們都是專業智識的學者，好在我們談的是偏重於詩的方面，是自己尚能理解到的部分，於是也處之泰然與只好盡力而爲了。

講演開始，由鄭會長介紹我們給與會人士，接着蓉子說一些感激的話與朗誦三首詩，然後我就原定講題：「詩眼看中國文化的卓越性」開始講中國文化之所以卓越；做爲一個具有中國文化的中國人之所以在人類未來的共同生存世界中，應感到驕傲的理由。下面是我論談中的重點性與主要的內容。

我深信人類要活得完善，必須擁有兩個美麗的花園：一個是外在的花園，主要是靠科學帶來物質文明的力量所促成；一個是更美更卓越的內在花園，它是靠從文化中昇華到極致的美與卓越的詩心來建造。當我們發現科學所證實的客觀與眞實的世界，在人類的生存中，並非全部的眞理；而只有從現實中不斷超越與昇華進入永恆存在之境的詩心，方能認淸眞理的全貌，我便首先要肯定的說：做爲具有詩優秀傳統的中國人，存在於世界上，應該是優秀而且光榮的。」

雖然一般看來，西方人在腦的理性思維世界，一直領導科學與物質文明發展，是一路領先與佔上風；但我們中國人，在這一理性思維世界內，也有多人獲得過諾貝爾獎，可見我們也不乏尖端科學的理性思考人才。而主要的問題，仍是在人類以理性的科學思考力，所不斷發現與證實那永遠也證實不完的客觀物質世界，以及不斷帶來新的進步世界，它並非孤立存在的，它最後仍須與人發生關係，與人對話。那麼究竟那一種人，是能站在最優越的位置上，去同不斷被科技證實的物質世界來往，而且更使之進入心物相互動、交感與昇越中的無限存在之境？很明顯的，應是具有優越與美的詩心的人，方能勝任，而最美最卓越與最高超的詩心，應是出現在中國詩人像杜甫、李白、陶淵明、王維、柳宗元等靈悟與渾化的詩境中；而像獲得諾貝爾獎的西方詩人T. S. 艾略特，也休想進入這樣高超的詩境，因爲他的詩，仍是經過腦思維的分析性與組合性來達成的；缺乏我們古詩人詩中所呈現的緣發性與通觀統化的直達力。故T. S. 艾略特的詩，在人類心靈與內在生命活動的路途上，仍是一站一站行駛的慢車；而我們的詩如「悠然見南山」、「山色有無中」，便像是急馳的直達車，很快地將世界與一切送達「美」的極致世界。

因此當我們認爲沒有詩與藝術的「美」，則再高明的科學帶來再豪華的物質文明世界，都將趨於冷漠、粗糙甚至野蠻，而使人類的生存空間惡化與醜化。這可從世界上許多缺乏詩與藝術美感引起的內外生活空間都醜惡的物質文明都市看到，如此看來，則從中國文化中昇華的那無與倫比的卓越的詩心，顯然是對人類不斷穿越科學所開拓的物質世界向未來邁進的生命，具有至高的啓導力與主導力，因而可見做爲以詩的民族自豪的中國人，應是優秀與光榮的。因爲做爲人的存在，中國人一直具有世界上最美與最優越的詩心，這不僅僅是我如此認爲，在我與蓉子此次參加美國愛荷華大學學辦的國際作家寫作計畫會議，外國作家像 ALBANIA 籍詩人 UKZENEL 教授、韓國詩人CHOI TONG-HO 教授與日本小說家 SOH AONO 教授，都對中國詩人王維、杜甫、李白、陶淵明等十分的崇敬，而且說中國詩的境界，世界上最高。

的確，除了人體以及科學帶來的物質文明世界，需要中國詩人最美的詩心來領先提昇，以便使人存在的內心世界都朝完美的方向發展。此外，當一切都進入美學包裝觀念的現代，像西方國際藝術大師畢加索提倡的立體主義觀念(CUBISM)——這一著名的美學包裝，我們中國一千年前古代的詩人，早就採用過，像杜甫「高枕遠江聲」的「遠」字，就展開了四度空間的立體詩境；像西方現代電影慣用的夢太奇意念，現代繪畫所使用的拼湊組合（ASSEMBLY）藝術手法，我們中國一千年前的古詩：「枯藤、老樹、昏鴉、小橋、流水、平沙、古道、西風、瘦馬、斷腸人在天涯」，便早就出現過。又如現代造型藝術，尤其是極簡（MINIMAL）表現，所使用的幾何圖形，我們中國一千年前的古詩「大漠孤煙直（—〇）長河落日圓（〇一）」也老早以詩的文字意象來表現過，可見我們中國文化中的優越的詩心所展開「超以象外，得之環中」的無限世界，包裝入美的藝術形態，也是老早就有優越無比的表現，呈現於世。

既然中國文化中的高超的詩心，能使人類內在生命在超越中進入「超以象外，得之環中」的無限精神境界，同時又能在藝術傳達與表現過程中，透過高度的藝術形式，使生命的存在獲得深入與富足的美化，便也自然在整體上確實獲得一個人生命內外存在都優越的內容品質與形象，而凸現出世界觀中的一個已是理想中的優越的人的典範——他是最具有潛力去幫助那越來越陷在物化與機械化的冷漠生存空間中的人，將他們拯救，恢復靈性；並去擔任同科學所不斷創造的卓越物質文明世界，進行高層次談判的理想代表。這種認定，便的確是基於中國文化中卓越的詩所使然；能不使中國人在人類共同生存的未來世界，感到光榮與受重視。而且世界上最美的人羣、社會與國家，在最後絕非單靠科技與機器造的，而終必是靠最美的詩心，因爲最美的詩心，能將所有的事物與生命在轉化、超越與昇華中，臻致美的最高境界；那麼中國的文化中，擁有世界上最高最美的詩心，則中國人在生命存在的智慧中，是可自覺到這份尊嚴的。

那晚，我大致說到這裏，談完，尙能獲得在場人士的一些認同感，會後，我們又應新會長林伯祿博士邀請前往他家中舉辦的後續酒會，大家繼續談文化與文學等問題，對於林會長認爲科學的極致同人文精神乃至詩與藝術都有關連與交會點，我們非常同意他具有宏觀與微觀的看法，他的確是智慧型的數理學家。談到相當愉快時，前副會長林啓祥博士當衆以英文朗讀我的詩作「觀海」，此詩是他英譯的，我也以中文讀，大家相處在林會長滿是詩畫佈置高雅的屋裏，流露着親切的同胞愛與民族的文化感情，這種景象，眞是由衷的感動，再想到三個月來林啓祥教授夫婦的許多幫忙，便自然在他們送我回住所下車時，爲了感激，將握別的手，握得更緊些。

民國八十二年

詩人之死是人的澈底之死

「詩」已成爲宇宙萬物生命的核心，這個核心若沒有了，那便等於將一個人的心臟取了下來，叫他仍活在這個世界上；同時假使這個世界確實有上帝，那麼「詩」便正是上帝的眼睛。

——羅門——

由於詩被認爲是開發事物與生命之眞境純境與深境的絕對力量，所以當音樂家與畫家，以聲音與形象，創造出一個屬於內在的視聽世界，使人類心靈在那無限地延展的神秘之境中，領受到那種令人折服的不可說明的「美」，在其活動中凝聚且超昇成爲一種純然的本質之存在。透過這種「存在」，我們便可追索到事物與生命活動於不可見世界中之「根源」，及其永恆不朽的「眞貌」，並使人類的內心達到那個完美存在的「終點」——詩便是站在這個「完美的終點」上工作的，隨時引導一切事物與生命進入這個「完美的終點」裏來。

基於這種判視與認知，我曾一再强調：「那顆被詩與藝術引向「美」的心靈，它如果死亡，太陽與皇冠也只好拿來紮花圈了，在我看來，詩與藝術已成爲一切完美事物的鏡子……的確，當這面「鏡子」被敲碎，生命美好的形象，便也隨着陷落了，這種破滅，確是較人類的肉身之死，更爲澈底且可怕，所以美故總統肯奈廸曾說：「詩使人類的靈魂淨化」，此言，便正是指我所强調的那面透顯着人類完美內心世界的「鏡」。

人類活着，能切實地站在這面潔淨的「鏡」中，去探視世界，去對照出自我的純貌，我相信人類的生存行爲，在這種特有的超越感中，便會很自然地偏向精神的純淨之境，而對永遠的良知負責，並進入那永恆的美的追索中，邁向生之完美的「終點」。

這種來自詩的超越性之力量，便是幫助我們在判視一切事物時，正其心，淨其性，而對萬物生命之活動，獲得純然的「眞知」與「眞見」，也就是獲得上帝的「眼力」。想想看，當「詩人」死了——也就是當上帝的眼睛瞎了，世界會不暗下去嗎？人類會不被推入那可怕的死亡之深淵嗎？海明威一再喊出，二十世紀是迷失的一代，西方許多思想家在物質文明導致精神文明破滅的急態中，叫着到東方去找禪……這些呼聲，到最後都不僅是與人類的內在思想發生關連，而且更是同「詩」所給於人類超越性的生命昇力，大大有關的。

的確，當物慾世界，不斷將我們向內的探視力縮短，人類的內心，已逐漸成爲陰暗且狹窄的「地下室」，這種可怕的窒息感，已普遍地形成爲一種「死」的現象面，如果再加上人類在現實世界中，不斷追求勢利，而忽視甚至背離「詩」對人類生命的超越與昇華之力，那我們站在上面所推出的那面潔淨的「鏡」上，便會清楚地看見人類確是擠入那可怕的死亡之峽谷裏，而非將生命提昇到那生的完美之「終點」。

事實也是如此，那羣缺乏靈智與醒覺性的人，往往由於追求勢利，不擇手段，甚至違背良知，使內在性靈陷於死谷，那頗像「螞蟻爬進蜜糖罐」裏去，越往裏爬，便越接近死亡，這已成爲同歲月一樣久遠的故事了，一個眞正的詩人，所以在勢利的現實世界中，往往總是孤寂的，那就是因爲他堅然拒絕糖罐裏的那種「甜蜜」之死，而驅使自我從紛擾汚濁的現象世界中超昇，到達精神的孤峯頂，成爲那種純然的「本質」之存在，如果一個詩人也不顧一切，去追求勢利，去做鄉愿市儈與無義的事，去爭取自己在心靈深處所卑視與唾棄的東西，去毀掉生命活動的純境，並敲碎我上面所推出的那面監視着一切完美容貌的「鏡」。試問他如何去找到「生命」？的確，這種割離現象，所引起的死，便更慘烈了，這種死，便是在上面已說過的：那是一種較肉體之死，更爲澈底且可怕的死，是屬於內在的「人」的根本之死。

我們深知人類肉體之死只不過是生命的表面化之死，正像一棵樹，在多天死去它的表皮；可是當人類抓不住詩人賦給的那個深入且完美的內心世界時，則這便等於是那棵樹的樹身與樹根之死，也就是屬於人的「內容」的死，人便等於死透了。可見詩人將「山是山，水是水的表象世界向內轉化且昇越爲「山非山，水非水」的超越世界，再回歸到「山是山，水是水」的生命之純碎的本質世界，這三層過程，正是使人類從外在的機械與動物性的人，躍昇到具有完美內涵力的「人」，所達成的一項對於「人」的建設的偉大工程：這項工程一停止或中斷，人便如何也不能到達「人」那裏去了。所以我敢在此肯定地說：『詩』已是宇宙與人類生命的核心，當這個核心沒有了，便等於是取下了一個人的心臟，叫他仍活着」。

因此我確信，救活一個詩人的內心世界，永遠較去救活他的藝術形態，更爲重要且危急，因爲救活前者，不但是救活詩人本身，同時更是救活了「人」。當一個詩人被救活了過來，我們再來談他該走「李杜」的路或走「普魯東」、「金士堡」「龐德」等詩人的路，仍不遲；但當一個詩人的內心世界，被勢利的現實擊斃，連路都沒有了，我們還能去談什麼走法呢？只有像里爾克與悲多芬那樣的人，才能將有限的生命，走成不朽的永恆，將「人」帶進那永遠的美的追索之中，而抓住人的超越的不死性。這當然是因爲他們能保持住上帝那種潔淨的「眼力」，能一直看住宇宙萬物眞實的容貌；至於不擇手段的擠到「蜜糖罐裏」去抓名抓利的這些人，在「里爾克與悲多芬的世界」中，都只能被視爲是空洞的人甚至是羣蒼蠅；而絕不是擁有純淨幽美與深遠的內心世界的「人」。

所以我的結論是：「詩人」之死，不但導致人類內在世界造成可怕的啞盲，而且更嚴重到引起『人』的澈底之死。

民國七十三年八月

詩眼看「人」

人的生命，在我看來，它是一件活的藝術品，一首活的詩；它從搖籃到墳墓的整個過程，是詩與藝術的過程；它整個存在與活動的空間，是詩與藝術的空間；它活動的形態也是詩與藝術的形態，唯有這樣，人的存在，方會在本質上變好與變美。

許多年前，我曾對生命存在，寫下這樣的話：「如果由詩與藝術創造的美的心靈死亡了，則太陽與皇冠也只好拿來紮花圈；詩與藝術在我看來，它已成爲一切完美事物的鏡子；如果這個世界，眞的有我所嚮往的天堂，則由詩與藝術所創造的『美』的心靈空間，便是造天堂最好的地段……」。

我甚至認爲世界上最美的人羣、社會與國家，到最後，那絕對是由詩與藝術造的，而非單靠機器與物質文明造的；太空船雖可將我們的臥房、產房、厨房、廠房與帳房，都搬到月球上去；可是人類內在最華美的生命世界，仍需要詩與藝術來搬運，因爲再豪華的物質文明，如果沒有美的詩與藝術，是勢必會帶來浮動、粗野、低俗、劣質的生命現象，這可證之於我們目前的都市，不但「物理空間」不美，充滿了所謂「視覺强暴」、「聽覺强暴」，以及安非他命、黑槍、色情場所的氾濫與到處髒亂的情形；就是「心理空間」，也不美，充滿了冷漠、唯利是圖、自私、粗暴，甚至呈現出有如一位牧師在講道中所談到的：「目前的都市文明社會，人已日漸變得無情、無信與無義，爲了己利，便冷酷與不擇手段……」，能不令人擔憂！

因此，更令我確信，唯有詩與藝術，能確實地使人與生存的環境變好；能將人的生命與一切，在超越與昇華中，進入「美」的存在境界——使時間變成美的時間，使空間變成美的空間，使生命變成美的生命；甚至使政治與科學等其他學問思想，也變成美的學問思想，難怪美故總統肯奈廸曾站在政治領域中說：「詩與藝術使人類的靈魂淨化，權利使人類的靈魂腐化」；也曾有持人文與人本精神的思想家，認爲沒有藝術的科學，將帶來野蠻的社會，的確在對人生做深入與徹底的探究時，詩與藝術確是使人類智慧、良知與生存世界更接近眞實與完美的一項永恒的精神事業。

的確，在詩眼向生命深層探視中，人活着，尤其是活在物質文明高度發展以及政客與勢利思想充塞的世紀末，價值觀的失落與紊亂，人與人之間的疏離冷漠，大多數人都幾乎是各自在生命冷寂的深海，將孤獨的自我打撈，隨時都可能遭遇到某種含有悲劇性的存在境況。然而，也唯有能深切地體認到悲劇性存在又能超越的人，方可確實地了解「偉大」與「永恒」的眞義。世界上，只有白癡、市儈、鄉愿、牆頭草與是非不明之徒以及缺乏突破性與創造力的人，才永遠不認識悲劇。其實悲劇感，常常是驅使人類的創造生命，發射出更强大的光能與威勢的力量，去造就那更美好甚至偉大非凡的人生，像是孕婦臨盆時，爲誕生新的生命在不斷掙扎中所感受到的劇痛，那是至爲莊嚴、聖潔、高貴與感人的「美」的存在情境。

此外，詩眼也可看到全人類在面臨時空最後審判時，從心中喊出：「生命最大的回聲，是碰上死亡才響的」。收聽這回聲，站在最前面的是神與上帝，接着是哲學家、查證的科學家，接着是許許多多在雜音與吵鬧聲中失聽或重聽的來來往往的人，有些集衆打鑼打鼓製作一時的聲音，有些瞪大眼睛、遲滯或白癡般豎起耳朵在聽風聽雨……，而詩人與藝術家帶着耳機在旁收聽與作實況紀錄，這些紀錄是交給上帝或交給代表上帝的至高的「永恒」去收藏與保管，當你問永恒，永恒也不知道。

於是詩眼又看到全人類在茫茫的時空中，靜靜收聽着生命從四面八方傳來的回音，一邊聽見「有」，一邊聽見「無」，最後便全都聽進解不開來的「有無中」，同王維詩中的「江流天地外，山色有無中」的情境，連在一起，連在那條似有似無、若卽若離的天地線上。天地線內波濤洶湧；天地線外，一片空茫，仍在嘶喊着無中的有。

民國八十二年七月

詩眼看「自我」

「從一切複雜性與時空所有的阻力中，把握住你獨特的自我、以及在生命沉寂的深海，將純淨的自我打撈，這已成爲現代人存在的一項至爲緊要的精神作業……」這是我許多年來探討人類眞實性靈活動時，常發出的聲音。當然在此强調的「自我」，顯然與一般人所易犯的自私無關。我贊同每一個人，於存在中所各自顯示出不同與獨特的生命風貌——這風貌是每一個人在智慧的信服力中，進行靈魂自覺性的內在審視所形成的。也就是近乎尼采所强調的那種在自由創造力中不斷昇華的超人，也就像是許多大藝術家所共同指認的——除了在智慧的光輝中，把你不凡與獨特的自我創造出來，這個世界將不會記起你。

俯視「自我」甚至審問「自我」，這種在莊嚴的人生中逃避不了的遭遇，對於一個醒覺的「詩」化的心靈，實在像是張開的眼睛，逃避不了光一樣；它幾乎成爲人類心靈活動的必然現象。我雖懷疑且不同意那完全與羣體性永遠保持孤絕感的自我活動，但我也不敢苟同有人認爲人活着沒有或不該有「自我」孤絕的時刻（因它與事實不符）。我認爲人有時從羣體性複雜的交錯面上，退回到純淨的自我世界，是被兩種基本力量推動着，一種是帶有批判的思考力，主動地要求達到自我存在的完整性與尊嚴性；一種是人往往在不知不覺中被變動不定的處境推下「自我」的孤寂的淵底。尼采、貝多芬、里爾克……等人可說是屬於前者，普通人面臨孤獨情景時，可說是屬於後者。這兩種人，都顯然有其「自我」孤絕存在的時刻，但並非說這些人同羣體性之間的連線永遠被割斷了。譬如後者，只要處境一變更，他便自然地由自我孤寂的淵底浮起，而逐漸又消失在羣性之中。前者則是在超越（乃至孤絕）的自我活動中，同羣性保持着適當的距離，使「自我」成爲一面透視的準確之鏡，反映出羣性的完美性或不完美性，像一種直射的强光，顯示出人活動的理想的遠景——這種在高度智慧中，進行的絕對自我的超越性活動，它有時確像站在無人的孤峯頂上，大聲喊出那令人感到顫慄的「存在」，而四周「生命」的羣山，便也逼着發出了回應。所以只要你確實是活在搏動的生命裏邊，無論你是進入一已多麼深遠與孤寂的「自我」之境，其他人雖不能依據常識乃至經驗與哲學的理性邏輯發現你，可是仍能以詩與藝術的心感作用，在抽象中感知到你那充滿了迷惑性與神秘性的獨特的存在，因爲你是人，活動在人的圍界之內。所以當你在有意或無意中躍離羣性的可辨認的生命軌道，而深入那交通已形困難的你的自我之淵底，哲學家雖不能在確定的地方，找到你，可是我相信詩人與藝術家能以心感活動的流動面，在流動中，把你流動中的特殊的自我找到。

「自我」往往如那逃離羣浪而沉澱到深海裏去的潛流，在孤寂與純淨中，現出凝定與光潔的形貌。我覺得凡是能將自我從混濁與勢利的現實世界所形成的羣性關係中抽離且提升，那便是證明他對生命有着極佳的醒覺性，對完美的一切也有着深切的期待（這種自我活動對詩人與藝術家所從事的精神作業是太過有關）。當一個人能有不凡的智慧探向「自我」，此刻，如果他的耳朵又能進入「貝多芬」的音樂，他的眼睛又能認識「羅丹」的眼睛，他的心靈又能成爲收藏「美」的櫥窗，則這「自我」便該成爲人類內在生命中的一個多麼重要與完整的觀測站，一個多麼透明的窗口！望向生命無限的迷人的遠景。「自我」在我看來，它已像是那轉動人類生命的主輪——因爲要是沒有完美的個體性，從何處跑來完美的羣體性？在要求自我完美性的建立之際，同時，在另一個方向上，也含有建立羣體的完美性之意義在。當「自我」從不夠完美的羣體性中超越，而緊緊地抓住精神自由爬昇的力量，登上孤高的峯頂，對俯視下的沉落的世界，伸展出一種奇妙的引力——這對於一個向世界向人類內在去沉思默想的詩人藝術家，是多麼的有關與具有重要性。

在詩與藝術的美感活動中，創作者獨特的環境作用着他獨特的自我，進入創作對象之內，所形成的獨特的表現，便正是構成所謂詩與藝術獨創性的必然現象。正像法國的梵樂希、英國的史班德與美國的龐德，他們的創作風貌均有不同的個別性，當然與中國的詩人便更不一樣了，就是同在臺灣住在這條街與那條街的詩人，他們創作的實境也是各有其個別性的，各人均依其一己不同的境遇與情景，去調整「自我」對事物與現實世界所採取的視度與判斷力。如果依以上情形再將範圍縮小，就是住在同一條街同一個門牌號碼的「燈屋」裏的我與蓉子，即使是夫婦，而對其自我的創作世界，也各有其不同的展望與完成。由此可見埋藏在人裏邊的「自我」，在嚴酷的分光鏡上，就像是上帝造人一樣，連雙胞胎在內，都沒有一個是完全相似的；「自我」便是每個人從羣體性中對照出來的具有獨特性與更爲實在的生命體。所以我認爲「自我」已像是任何人飄流在羣性中，隨時隨地，有意或無意都期待着歸返的「故居」——那裏確實埋着至爲眞切純淨與溢滿着生命感的東西，這些東西被詩人與藝術家的心靈默視，而終於成爲一種獨特的不被歪曲的精神力量，引一切進入正直眞實與美好的位置。

最後我認定：當我們將那被良知、智慧、人道以及豐富的聯想力所環繞的「自我世界」抽離或閉封起來，這對於一個人來說，便等於是內在生命的那雙眼睛完全瞎了，對於一個詩人與藝術家來說，便等於是瞭望創作世界的窗子沒有了。

民國五十九年三月

詩眼看「死亡」

「死亡」逼使人類偉大的智慧與心靈去面對它。當我們從棺材蓋裏邊那陰冷靜止的世界，透過死者一無所感的心臟去說明存在；我們站在火光熊熊的焚屍爐邊，的確難免要發出那悽然的聲音：「死亡，它是一切？」；可是當我們站在運屍的柩車外，想及那個留下光輝而永遠安息了的生命，它從此將自那座在太陽下閃光的銅像中活過來，而且有那麼多充滿了讚美與祝福的花圈，滾在他去向墳地的路上，於是人活着，多少又因此對生命產生了某些不朽的感覺，而得到了寬慰。至少在那美麗的幻覺中，人好像能想見永恒的世界之門是被打開了。可是當我們又進一步想着這些光輝與被歌頌的一切，怎樣也進不了那終歸要與棺木一同腐爛的死者的心臟裏去時，而且此刻如果你想到這顆停頓的心臟突然間已成為你的（總有一天會的），那麼這些在歲月中被人們追思的美好的一切，又起變化了；它對於那永遠去了不返的患了不可治的遺忘症的已死的你，在那較神父黑袍還要黑的世界裏，如何去找到你與使你也辨認到它？於是不可奈何的悲劇，又在心靈的默想中上演了，逼着我們去指認：死亡！它是那隻較上帝設置在禮拜堂門口還要大上千萬倍的奉獻箱，我們個別的生命，便是那被年月連續擲到那裏邊去的價值不等的奉獻物。

生命在我看來它頗像是一道牆，「死亡」與「永恒」是那牆的兩面。圖使「死亡」的那一面去推倒「永恒」的那一面，或圖使「永恒」的那一面去推倒「死亡」的那一面，對於牆（指生命）的存在來說，都幾乎是不可能而且是徒然與難於做到的事。所以有時人活着，覺得世界到處都充滿了永恒與希望的聲音，（當聽到貝多芬英雄交響樂或讚頌的掌聲或遇到發薪的週末……）；有時也會被死亡推倒在虛無與無望的感覺之中（當聽到昨日那個名人死去，今天這個名人死去）。在這兩個互相背反的生之意念當中，人存在着，頗像曠野感知着太陽的脚步聲來了又去，去了又來，來了又去……究竟是來還是去？就是在這無法斷然分開的漠然的循環裏，我對人的存在曾發出了那具有悲劇性的聲音：「在時空與死亡的紡織機上，我們紡織着生命也紡織着虛無」，這句話在我看來，它已成爲生命嚴厲與莊嚴的控詞。其中值得注意的是紡織「着」（而非紡織「出」）的「着」字，決定了我對生命悲劇所着重的觀點，如果後邊的那句話寫成「我們紡織『出』虛無」，則紡織的結果是虛無，也就是人生的結論是虛無（如有些宗教家所認爲的四大皆空）我是表以反對的。可見我將「紡織『着』虛無」的「着」字，關鍵之重要了，它是把虛無當做被紡織的過程，也就是在虛無的壓力感中紡織着生命，其紡織的結果是無法確定下來的，這正像西西法斯明知將那塊巨石推到山上去，每一次都要從山上滾下來，可是他仍是一次又一次的將那塊巨石往山上推，直到生命的終止。這種將生命一再向「虛無」撲擊（也就是紡織着虛無）的作法究竟是爲的什麼？其最後的終局與價値又是什麼呢？我認爲人眞不該只集中注意力在這個問題上，因爲那樣會使生命崩潰與破滅得更快。還是進入那莊嚴的悲劇性之中，儘量去感知生命沈重的齒輪仍被時鐘冷酷的齒輪帶動着向前走動的感覺。於是，我特別想起印度詩人奈都夫人，她面對着這莊嚴無比也沉痛無比的生存悲劇性時，所表現出那種積極非凡的偉大精神，是如此的能引起人類的尊敬——奈都夫人說：「以詩的悲哀去征服生命的悲哀」，讓「生命的永恒感」與「死亡的虛無感」形成强烈的對抗的張力，去支撐與考驗着生命的存在。此刻如果有人問我，究竟「生命的永恒感」與「死亡的虛無感」在人類的心靈中，那方面具有絕對勝利的威勢？那方面該勝或該敗？我會覺得回答這問題，較其回答海明威的「老人與海」給予讀者心靈深處的感受究竟是人活着充滿了希望，或是無望，更感到棘手。我唯一能說的，是人類的生命，的確是在這兩者爭論的聲音中，不可奈何地存在，其產生的悲劇性，便也自然地構成推動生命活動的一種莊嚴的巨大力量。

「死亡」！它確實不只是兩個字或一個隨便能處理得了的觀念，更不是說幾句壯膽的話所能解決的，也不是人類絕對的勝它或敗於它，所能斷然分開來的問題。它是逼使人類付出最大的智慧與苦思，去對生存的根本問題進行默想的一種推動力。在我的心目中，死亡，它除了是有形的與具體的，更是有着無形的與抽象的。記得有一次我與一些詩人在談詩，當中就有人問到我：「羅門，你從沒有在戰場上拚過命，爲什麼能寫長詩『死亡之塔』？」我當時立刻就回答他：「無形的死亡較有形的死亡更甚，且更慘烈。二十世紀，西方遭受的殺害，威脅性最大與最可怕的，還不是原子彈，而是西方人本身對上帝發生信仰上的懷疑；做爲一個詩人如果只能從有形的死中看見死亡，從炸彈與腦袋的交談中聽見死亡，豈不是說明自己對事物的透視力不夠深入嗎？其實最可怕的死亡是永不停止地較世界大戰還要全面性地發生在鐘面長短針急速地旋轉的絞架上——這些，我們不但可從詩人里爾克與時間的碰擊聲中，感知死亡；尚可從歲月使詩人佛洛斯特的晚年，像入冬的葉子那樣飄落且發出可見的顫抖之音，感知死亡；從步出殯儀館的那些送葬者的陰暗的臉色與神情中，感知死亡；從哲學家桑塔耶那在不可征服的時空中所展佈出的藍色視境中，感知死亡；甚至可從煙灰缸、空酒瓶與空茫的水平線上，感知死亡……」

「死亡」顯已成爲人類生命最大的阻力，當我們日漸站在它的不能逃避的襲擊的方向上，而且距離越來越爲接近時，此刻只要我們能直視它，不管是被打敗了或仍然不認輸地站住，我們仍可因心靈擁抱到這强烈的悲劇性，而自覺到生命存在的飽和與實在感。於是死亡又像是一冷靜的「谷」，生命向它發出越爲激烈的聲音，它還給生命的回聲也越爲激烈；它嚴酷地考驗與對照着人類存在的能耐與强度，越是能感知它的威勢，生命便越是能趨向深沉與成熟。

人企圖以精神的不朽性去超越死亡，以生命的永恒感去反擊死亡，可是這一場人類與死亡打了幾千年還要打下去的仗，已越來越令人感到茫然了，連上帝都不能將勝利的預感說出。時間的壓力，空間的漠遠感，製造着死亡的龐大的威勢，再加上這物慾已日漸取代靈性的現代，永恒的遠景，也不像在上帝毫無條件地被歌頌的以往年代那樣輝煌了。於是我們便也逼着不可奈何地在產房與棺材蓋之間，這一條短速的生命途徑上，因死亡而去注視那些自美的幻覺與設想中昇起的一切：如基督徒忙着造教堂、回教徒造廟、和尙上山、銅像在廣場上升起、貝多芬躲入第九交響樂、李斯德穿上天主教的黑袍、梅遜菲爾滿頭白髮輝映着天國的雪景……這都是死亡一連串開放出的美得令人心碎的花朵啊！日月面對它，人類面對它；我也曾以數百行詩爲它造起一座塔——『死亡之塔』，去對視人類生命在冷漠的時空與死亡的壓力下，所可能顯出的昇力與發出存在的回聲。

民國五十九年四月

詩眼看「虛無」

「現代！它那較一切都具有重量感的『虛無』，已日漸壓住人的呼吸，迫使人領略寂寞的沉痛的程度，已近似一顆子彈擊中心部，而心未死去，被擊者必須在半死裏忍耐地分辨出將彈頭取出時那些痛苦的顏色」，這是我對現代人悲劇生命進行解剖時，劃開的第一刀，從部位看來，似乎沒有開錯。現代哲學界奇才沙特也好像是在同一地方重重地劃了一刀，當然他劃開的裂口不一樣，但也能洞見其中的有關眞相。沙特說：「我必須生存，除此無他，但我日漸發覺它的不快」，從這二句話看來，如果我們的思想是敏捷與機智的，則便不難由此找到一個交叉口了，而且在那裏設下羅網，等待沙特的精神從四面八方投進來，最後我們來審判沙特的存在觀念仍是陷足在虛無的範圍內。試觀他强調必須生存的「必須」兩字，是多麼痛苦的字眼，與使人領略到何等强烈的悲劇性——在時空與死亡的不可逃避的空漠感裏，人既張目則「必須」活下去；在永恒與天國已逐漸隱退的迷失感裏，人既張目，則「必須」活下去；在炸彈與巴黎香水的幻滅裏人，既張目則「必須」活下去。人除了活下去，不可奈何地活下去，人還能怎樣呢？因此「必須」兩字表面上看來，雖含有積極與肯定的意味，但骨子裏却藏着一種令人心碎的强制性，使我們領會到有一種崩壞與否定的力量在其中蘊釀與發展着，終於在一個爆炸聲中，脅迫沙特去供認：作爲一個人存在於世是不幸的：

所以當沙特的精神伴同他强烈生命的呼聲不斷地高昇的熱度，幾乎驟降到零下的狀態時，他便絕望地喊出來了：「最後我發覺它（生存）的不快」，此刻，如果我們慌忙地以此句話來指控沙特是虛無論者或是主張虛無的，那我們的控詞便全錯了；然而對於這位現代思想界的奇才，我們該如何稱譽他呢？若稱他爲偉大的沙特，則他的偉大處便是指認人終於活在絕境內的證據成立了，多麼難堪的恭維！但他畢竟把人一向不敢全然拉開的幕拉開了，讓我們在完全暴露的臺景裏，清楚地看到人由實存世界的前門衝進去，當走到後門將門一拉時，「虛無」便似一陣强風從門縫裏襲進來，那時，人並沒有看到什麼奇蹟，也聽不出有所謂天國贊美的歌聲，而那些結在人類靈魂上的人造花也長不出根來，於是人在絕望中只看見海明威書中的老漁夫經過八十七天同空漠的海（生存界）搏鬥過後，很疲累地帶回一條被沙魚吃光的魚骨；只聽見法朗士說：「人生出來，受苦，然後死去」。由這一重大的啓示我們確實可抓牢沙特精神的重心了——他是一個與「虛無」搏鬥得最頑强的英雄人物，但他最後仍是無可奈何的跌倒在虛無裏，正像一個救火員自己却死在火中。顯然的，沙特的生存意識，在它的開始與過程都幾乎是肯定的，而結局仍是落空的。

所以當你探究沙特的思想時，你如果是從他精神發展的終點着手，則你便很可能偏入韃韃主義者所感到幻滅的虛無世界裏去了，認爲生存是荒謬與沒有意義的；如果你是由沙特精神發展的開端着手，則你便很可能是接近他生存的意向了——沙特他雖預知人在最後都一樣是逃不出虛無的絕境的，但他在此刻仍呼喊人必須活下去。可見沙特他主張存在思想其用意不在以那無法征服的「虛無」來嚇阻我們，從現在起便乾脆將生命的輪子取下來，將歲月的翅膀折下來，而是驚醒我們繼續不斷以行動去推開那由前面襲過來的虛無的氣流，正像尼采發見超人學說並非鼓動人去成爲專橫暴戾的拿破崙與希特拉；而是希望人去成爲高超與優越的智慧者，所以從沙特的存在精神中，我們不難分明出「虛無」它特殊的意識以及它同我們精神相處的距離了。

「虛無」——好像颱風發生在熱帶低壓區，它發生在現代人將慾望之火焚城的瘋狂的呼聲中。二十世紀後半葉，第二次世界大戰剛過去不久，人類受損害與絕望的心靈還沒有得到澈底的補償與彌救，而都市的極度文明，既沒有幫助人類將日漸陰暗與虛空的生命內景轉好，反而把過去那些完整的精神田地與景物，給機械文明激怒的物慾之獸撞垮得如古羅馬的廢墟！此刻，人陷在時空、生存、死亡、戰爭、偉大、不朽、永恒、短暫、天國、靈與肉，罪與罰等這些重大問題所交錯的精神困境裏，唯一解脫的辦法，便是不去管它，也不去想它，同時使慾望的潮水借助都市文明的風暴，把上述的那些事物全部沖走，讓內在空漠與沉寂得像墳地一樣，精神便撤離那裏，並乘機抓住形而下的活動勢力，向虛無的世界進行一連串的逃亡！此刻我們對現代人所持的「虛無觀」作探究與批判，雖是件棘手且不討好的事，但由於它與現代人的精神，尤其是與現代的藝術思潮有着極密切的關係，是故我們能克服偏見，站在純正的理論觀點上，在此重新辨認與鑑定它的內容與意義，則顯然是件有價值的學術工作，且有助我們去了解現代人的生存問題。

在本文開始，已借用沙特的精神，首先將虛無的意識，略爲透露了一些輪廓，現在再來加以闡述與分析它。當我們聽見有人反對現代人或現代詩人與藝術家談論虛無時，我們一時仍不能斷定「反對」兩字是否用妥了，因爲仍要看談『虛無』的人究竟是怎樣談的，他所持的態度如何？他的精神重心在那裏？以及他對生命與時空感受力的深淺强弱等等，都是應該考慮到的。當然主張虛無主義是大有問題的，但完全否定虛無的氣氛正環繞着人類生存的空間流動，也是在說謊。韃韃主義所持的虛無觀，因它付不出較高的代價，也很少與沉痛的悲劇接觸，缺少莊嚴與持重的精神面，我們懷疑它向一切進行着太過輕易的否定。它不但把人類抓不牢的過去說是黑暗的墳，甚至把現在與未來也指爲不過是用光向人類招手的棺，它是在一怒之下毫不負責任的將地球像一隻皮球踢到深淵裏去，將「世界」殺死後便轉回來又把「自己」也殺掉的虛無論者，我們反對它那放任得如原始野蠻人的生存意向，更不同意它將生存的意義與價值全部予以否定；可是我們能用何種理由來反對與抨擊卡繆的「異鄉人」與海明威的「老人與海」——那些被沉痛的悲劇所重重包圍住的「虛無」呢？它是超越了樂觀與悲觀精神之上，所架起的一個更高的精神的層次，是步入一個更爲深廣與冷寂的精神的萬有之源的靜境，是抓住了那令人更爲戰慄與驚贊的遼濶的精神世界，人在那遼濶得近乎空漠的精神世界裏流落與前進，便像是逃奔在風沙交加的沙漠裏，因此更能感知到生存的迫切感，領略到存在的寂寥感以及觸及莊嚴無比的悲劇，同時顯示出精神無比的密度與生命無比的潛力，在同漠然的時空搏鬥時，更產生特別感人的情景。

此刻，一個現代人的內在，如果對它沒有體認與感應，我們雖不敢說這種人的性靈機能全然發生故障了，但至少我們可確定：凡是不正視年代與探究人類與宇宙相互活動的全部結局而所持的樂觀態度都是頗爲單薄與脆弱的，將它放在艾略特、卡繆與海明威的眼中，那不過像是一條輕快的溪流，雖也逗人喜愛，但它畢竟只佔住人類生存的一部分空間而非全部；但是「虛無」這一被悲劇注視下的存在，它却像是那廣大深沉且充滿了幻變的大海，精神的狂潮巨浪常發生在那裏，當精神的航程遭遇到時，它在人心上所加的襲擊力確是夠大的，迫使我們感知那不凡的生命究竟不是用輕快的笑聲造成而往往是由沉痛的力量！面向着這情形，我們的論斷確是應該愼重的，才不致有所偏差與造成批評的罪過。我們當然不會贊同韃韃主義那近乎戲弄式的「虛無」，因爲他們患上了澈底的幻滅症，世界握在他們手中，好像是一隻玻璃杯握在一個頑童手裏，一切皆在等待着那隨時都會響起來的破碎的聲音；同時，我們也可順便漠視那羣近乎是迷信上帝與天國的愚昧者，因爲他們接近無知，可是對於那被「虛無」意識打擊下的卡繆與擁有宗教思想的神父，他們的精神已成爲一嚴肅與超越的存在，我們將如何反對與阻攪他們?!他們有其一已經過高度思考的自由存在的意境，他們確較那些手執住支票與名片而流露樂觀態度的人、更具有『人』的密度與濃度。人既可自由的活在樂觀裏，人爲何不能自由的活在悲觀裏呢？況且，造物一開始將人造在這個世界上，自古以來，悲觀與樂觀在人類生命整個活動的過程中，都永遠像是河流兩岸上的風景，互相對視着；而超越悲觀與樂觀之上所展佈的「虛無」精神，便像是那蒼茫飄渺的天空，在上面靜靜地往下俯視着，人類確不必爲此事憂懼，眞正憂懼的，還是因人類在生命的裏邊已失去對眞實與高超存在的覺醒性以及因思想內容的貧乏而造成精神與靈魂的白癡狀態。

一個現代詩人或藝術家對於人的探究與注視，往往是盯住那些帶有籠罩性的精神威力，看它如何絕對地把『人』佔領？如何產生出與上帝同樣奇異的神秘感，而不僅是以筆去搖響人類的笑聲。事實上，當我們對這具有沉痛的悲劇性的「虛無」不夠了解或有所惡感或乃至盲目加以打擊時，則我們便很可能是在損壞或放走那裝在人體內的一部分優越的『人』的內容，同時也扼殺了現代藝術一部分雄厚的生機；但反過來，如果我們是沿着歲月之梯，帶着測探悲劇精神的沉痛，步入渾然的「虛無」之境，則我們便很可能因此成爲桑塔耶那藍色視境裏的生命樹，成爲上帝沉醉的人，成爲超凡精神的塑像，正如我們所尊敬的羅素與悲多芬一樣：羅素年青時曾企圖以理性去征服世界，但到了晚年，羅素說：『我羅素究在那裏，將何往？』，這聲音確實比笑聲更成熟也更有力量，這聲音不但已達到了上帝所居住的地方，而且無形中也喊開了『虛無』世界之門，並驚醒人類深遠的思境，而且在人與宇宙萬物交互運動的總歸向上，形成精神的最高的建築。貝多芬年青時曾企圖以情感去征服世界，帶着『英雄』與『命運』交響樂在不可阻擋的衝向上前進，但接近晚年，他的「第九交響樂」爲何滲進了宗教的神秘性？爲何也以虔敬的樂音去碰響天國的鎖？爲何終於也接受了斯賓諾莎對於人的勸慰：「無窮際的遠景，鎭靜了我們激動的自我，使我們日漸安於限制我們前進目標的那些阻力」？由此看來，帶有悲劇性的虛無在某種精神意識下，不但不在我們的心靈中製造可怕的破碎的痛苦，反而在我們平靜與深沉的感受中，產生一種高超的『美』的力量；從羅素與悲多芬在晚年發出的心聲中去分析，他倆的精神在最後仍是墜入「虛無」的絕境的，其情況不同的地方，便是他倆將「虛無」原始的不安性、置入寧靜與容忍的心境中，使之平定下來，形成痛苦的默思與沉醉；而大多數現代人則相反地把「虛無」的不安性驅入慾望的瘋狂世界裏去，使之擴張，使之騷動，形成一種絕望的迷亂感。

執住羅素與悲多芬作人證，我對人類精神進行化驗的結果：認定『虛無』仍是人類精神實在中的「實在」，是一種更莊嚴的人性表現，當人類懷着悲劇性不斷將它擁抱之際，那便也是詩人藝術家與哲學家注視下的『人』的內容，其濃度密度深度與廣度皆爲最大的時候——它較在韃韃虛無觀下活動的『人』有份量，因爲它逆水而上，把沉痛的『人』置在生存的上流，而韃韃是順水而下，把絕望與趨下的『人』擱在生存的下流；同時它較活在樂觀態度裏的『人』深沉，因爲它通過虛無世界所引起的悲劇性，其力量是不斷深入心靈與向內聚集的，而樂觀的笑聲是飄昇與不斷向外散發的；最後它較活在悲觀態度裏的『人』更能把一切絕望與痛苦轉化爲渾然的沉醉力，引起精神產生偉大的感覺。

由此而觀，如果我們的思想對事物確有高度的感悟性，精神活動也有深廣的天地，則我們便不致於否認那帶有悲劇性的「虛無」的存在了！除非我們瞎說時空死亡與現代物質文明的誘惑力給於人心的壓制是不關緊要的，事實上這種加在人心上的威力，當人在向神禱告時，仍躲避不了它，再加上現代物慾環境對人類性靈的極度損害，它究竟是屬於何種沉痛與苦悶的顏色？這已不只是贊成或否認的問題；而是不幸的事實已在所有醒覺與敏感的心靈中構成一連串『不安的存在』，使生命像浮在慾望的暴風浪中失去平衡感的孤舟。現代人已迫着在無望中去和『虛無』往來，此刻如果我們使用希望、信心、理想去對抗它，沙特的存在精神却緊緊地跟在一切事實的後邊，像一面鏡直照過來，使那「不安的存在」在希望、信心、理想所編織的綉花被下睡不着，同時也把現代人的靈魂推入失眠……那正如存在哲學家所公認的：「人活在上帝已死的世界裏，人愈知道自己，便變得愈壞，（這個壞字我認爲是指心靈的遭遇，同作惡無關）」。人在時空、死亡、戰爭以及物質文明帶來的幻滅感所施的壓力下，已日漸感知心靈的行程是既逃不出困境，結果又深深地陷入絕境，而上帝的呼喚與天國的景象是漸形飄渺與遠逝了，銅像似乎也無力支撐住永恒——這便正是現代人所遭遇到的悲劇，人企圖從一切複雜性與集體性的層阻中逃回純粹的「自我」那裏去，結果在那自由得幾乎毫無障礙的空漠裏，反而陷於孤立、空無與面臨幻滅：這不幸的慘景，正發生在生命深海極其沉寂的「虛無」地帶，較其那浮在生命海面上的笑浪確實來得强大與沉雄。

且讓我在此使用輕鬆的比喻吧！如果說韃韃主義虛無精神論者所飲的是一杯劣酒，悲觀精神論者所飲的是一杯苦酒，樂觀精神論者所飲的是一杯甜酒或果汁，那麼超過樂觀與悲觀之上，而帶有悲劇性的「虛無」精神論者所飲的便是一杯高級的白蘭地或是威士忌了，冷藏在心靈的地窖裏，酒味何等醇濃！當精神的多種反射性能，灑落在人的心地上，一個作家尤其是一個現代作家，往往集中注意力去抓住的，便是那股在平靜中不斷地向內進行侵略與壓迫的强大的精神力量（它往往便是在沉痛中通過虛無的濃重的氣流的），因爲它去得最深最遠與具有絕對的懾服力，所以它也自然地使一個具有精神深度的作者與讀者特別嚮往了。

最後，讓我們在此再以嚴肅的態度指出：凡是帶有悲劇性的現代虛無精神——這一超過悲觀與樂觀的更高的精神層次，它確已成爲大部分現代藝術家與現代詩人一仰視的目標、一注視的焦點、一迷惑的方向，至於這現象，我們既用不着去强調它，但也不必閉上眼睛來否認它，此刻，它畢竟像一個低壓面在年代中移動着，逐漸壓住現代人的呼吸。我們雖不該跟着韃韃主義那羣絕望與趨下的病狂者，嘶喊一切都在破滅的過程中，但以往那些活動在人類心靈中的永恒、希望與崇高的理想，確在現代物質文明的風險中，逐漸失散了；而我們唯一能做的便是如沙特所說的：『必須順自已的處境活下去！』，在逃避不了的死亡的最後的審判之前，仍然鎮靜地想盡法子接近生命的痛苦與歡樂，並設法在與「虛無」相處時不被它擊倒，同時在通過它嚴酷的監視時，尙能攀住那股超過失望與希望之上的沉默的力量，去顯示出生存唯一的意義與價値——這唯一的意義與價値在我看來便是產生在「靈魂的雙目透過沉痛的內在之窗，在空漠與無望的生存絕境裏，沉靜地注視人與宇宙相互活動」的全部結果之中。

民國五十九年二月

詩眼看「永恆」

「永恆」是那條牢牢地繫住漠遠的過去與茫茫的未來之間且穿過跳動的心靈的弦線，不斷地在人們的回憶與想望中發出鳴響，使我們因此感知生命的存在，有着可信賴的來路與去向。換言之，永恆便是在人類心靈中，所引起的那種「不死性」的感覺。這種「不死性」——永恆，它應該是進入每顆心靈，其意義價值與效果被接受後，方能成立與確定。可是當我們澈底地檢查那些所謂「永恆」的線路，它是否都確實地經過每一個心靈的場地而產生作用時，我們則深表懷疑了。尤其是在這被物質文明所攪亂的現代，「永恆」的表情是那麼的多變與茫然。譬如一般說來「上帝」、「繆司」、「銅像」，都是人類在短暫的生命中，企圖獲得「永恆存在」所欲找到的證人（支持者）。

首先來說「上帝型的永恆」。現在暫且不管尼采說上帝已死的論調是否對，只要我們實地檢查這代人心靈與精神活動的場地，便不可奈何地發覺確有大部分人是不關心乃至不認識上帝的。他們情願到餐館、夜總會、百貨公司以及五顏六色的廣告牌上，去收聽生存的回聲，也不願將錢幣投入奉獻箱，去聽神父的禱告，去從禮拜堂的彩窗探視永恆的天國；事實上，靠近這羣人的心靈且控制着這羣人的心靈活動，是現實裏嚴酷但富誘惑力的「物慾」之神，而根本上非形而上的靈思中的神——即上帝。於是上帝對於這一大羣人，只成爲一個神秘的名字，一個影子，並不滲透到他們的生命裏去，成爲他們同永恆發生聯繫的見證人與信賴的有效力量。

其次來說「繆司型的永恆」，繆司被視爲文學與藝術世界裏的神，具有永恆性，但這也只是一種迷住一小部分人的想法，正像教徒理想上帝是天國的主人那樣，事實上大多數人活着，直至進了墳地，從未發覺或理解到「繆司」在人類精神中所可能引發出的那種永恆的感覺。譬如悲多芬雖被日本音樂界稱爲世界上的第二位上帝，可是大多數人不但聽不出悲多芬的音樂是靈魂爬昇的聲音，反而認爲那是噪音；同樣的，一羣迷於京戲的鑼鼓敲打而絕緣於古典樂的聽衆，當他們看到一齣好戲時，他們會從心中叫絕，而那種不斷地在內在激起狂喜的力量，無形中在他們的生命中，已形成某些永恆性的感覺與嚮往。至於這羣人進入這種「情況」的精神動向，同另一羣溶化在古典樂（與鑼鼓敲打的京戲格格不入）中沉思默想的靈魂，則形成了多麼不同且互相抗拒的相對情境——這對他是永恆，對另一個根本沒有意義。於是「永恆性」便在不可奈何的情形下，常常變調，且失去它確定性的意義與價值，而使我們也常常難於找到它存在的定點。它有時被這一羣心靈收容，同時又被另一羣心靈拒絕與放逐。

接着來說「銅像型的永恆」這是人類希望精神的存在能較肉體經得住時間的考驗與折磨，而圖把生命的不朽性，移植在被人類永遠追思的銅像裏，可是這項美好的構想，對於大多數熱烈地追求物質文明的現代人，它所產生的反應是不夠强烈甚至是至爲微弱的，因爲這一大羣人，他們並不將生存的意念，投入精神向內在開發的深遠境界上，而是相反地去追求那只被「慾望」死死纏住的一刹那間所閃現的外在世界。於是形成人類偉大與不朽的精神活動，在機械文明逼使大多數人去注視都市的繁華面之下，失去了普遍的觀注，也失去了接受它的心境，這現象可由生活上一個極小的事實來查證，有一次我在紐約，親眼看到一羣都市化的市民，包括商人、公務員與青年的男女學生，從廣場上一座聳立的銅像旁邊走過，當時有一位迷人的妙齡少女，（就像是電影銀幕上的噴火女郎）也擠在人羣中走着，此刻所有的眼睛，都幾乎是一直盯着她河流般擺動的身段，而銅像只好在那裏，同冷漠的廣場與茫然的天空相望了。由於現代大多數人，已越來越注視眼前的景象，注視那個急待兌現的實利世界，則對於那些遙遠了的以及看不見的形而上的精神領域，是越來越失去聯繫且疏遠了。於是他們在專一地追求「享受比什麼都重要與可靠」的意識下，「永恆」「不朽」等這些瑰麗的名詞，並不比新公寓，或購置新傢俱的訂貨單以及白蘭地酒櫃與銀行支票，能引起他們的關心與興趣，這是何等反常的現象，逼使「永恆」永遠被放逐。

由於這一代大多數人越來越不朝心靈的內景探視，便導致可怕的心盲，而且撲倒在物質文明佔絕對優勢的生存傾向上，精神世界的價值便自然地往下跌了，因此當牧師喊着跟隨上帝到「永恆」那裏去，詩人與藝術家喊着跟隨繆司到「永恆」那裏去，偉人喊着跟隨銅像到「永恆」那裏去，其反應的回聲不但不夠大，而且有時弱得幾乎聽不見。

其實「永恆」本應是一種絕對的生存力量，一個收容着所有生存方向的總方向，在漠遠裏向人類伸出親切的招喊的手勢，可是當大數多人，在並不關心「永恆」而仍活下去的熱鬧的場面下，「永恆」便也自然地在被人們收容又被人們拒絕的情形下流落了，而失去它存在的確定性。人活着，在理想中本應該擁有某些永恆感，然而大多數人生命活動的空間，又讓不出位置來給「永恆」，「永恆」經常被冷落在暗角裏，顯得很寂寞。於是使人難免想了又想「永恆」它究竟是什麼？它的絕對意義在那？如果它確實是人類生命中絕對不可少的，且又具有引領人類活下去的那種魅力，爲什麼這許多人不去擁抱它，反而冷淡與不理會它。於是，也逼使我除了在理想中了解與認識到「永恆」的面目外，更要在「理想」與「冷酷的事實」相對照下，重新去探究它具體與切實的意義——「永恆」在我看來，它不是上帝的私產，也不是送給死亡的兩隻美麗的字眼，它是那些離我們心靈最親近且時刻在我們記憶中發出鳴響而使我們忘不了的事物。

此外我想補充說明，我之所以仍持信被大多數現代物慾文明的人獸，相連損壞的「永恆」，仍有重現其新的容貌的可能；仍希望人類尤其是提昇人類心靈生活的文藝作家能在對生命不斷向前探索與創造的過程中，仍抱持對「永恆」以及對同「永恆」住在一起的「眞理」，重新恢復信心，是因爲大家已看到在世紀末，人類活在後現代的泛價值觀中，好像越來越沒有價值標準，只要合乎我意的，就有價值；活在後現代泛方向感中，所有的方向，好像都是方向，只要我高興的方向，我就去，結果是各走各的，走在沒有方向的方向裏，……也沒有所謂的絕對眞理以及對與錯，結果形成目前勢利、暴力、政客屬性、冷漠、性泛濫、毒品、愛滋病流行，甚至無情、無義、無信的劣質化社會現象。

此刻，人類的良知若仍對「永恆」與「眞理」懷有某些信望，至少不會使問題惡化下去。反之，既沒有「永恆」與「眞理」潛在的指引力，則惡質化的行爲，便獲得更自由的放縱與擴張，影響之大，人類與世界受害之大可見。

而且當我們體悟到「永恆」是一種能不斷突破過去、現在與未來、永遠停不下來與死不了的超越的存在時，便任誰也無法將世界與歷史性的偉人如杜甫、莎士比亞、貝多芬、康利摩爾、米羅、以及孫中山、林肯、愛恩斯坦、亞利斯多德……等眞的請出「永恆」與「歷史」的回顧。

事實上，我們每天被一種莫名的生命力與希望所引領，不斷向下一秒鐘進發，去和一切事物在不同的遭遇中接觸，引發出內心對存在產生一種專注、信賴與嚮往，這都可說是無形中同廣義生存的「永恆」感有連線；不一定要像教徒在向上帝禱告時，方可能同「永恆」往來與通話。

同時我們更可進一步發現創作者不斷超越與昇華的創作心靈；已的確感觸甚至體認到另一種永恆存在的形態，它便是我所謂的「前進中的永恆」。像上面所提到的那許多不斷在歷史中重現的偉大人物的生命形象。他們具有超越時空存在的精神，已進入大思想家湯恩比所認爲的——進入宇宙之中、之後、之外的無限超越的眞實的存在——那也就是具有「永恆」

感的存在。

的確古今中外所有眞正偉大的詩人與藝術家，終歸是要進入生命、事物與時空的深處，將超越的「美」喚醒，於有意或無意、有形或無形中替人類具有「永恆感」的心靈與精神世界工作，除非人的內在世界被機器取代，全面物化。

最後如果有人當眞的問我，人類無論活在古代、現代、與後現代、後後現代、乃至茫茫的未來，究竟是抱持對「永恆」與「眞理」有信望較好些，還是完全否定有「永恆」與「眞理」這兩樣東西較好些，那我相信不但是我就是大多數人，都會在最後覺得前者較好些，因它對人類存在有多一層良性的保險。

詩眼看「眞理」

如果這個世界，沒有「眞理」的存在，人活着幹嗎？方向在哪？如果有「眞理」存在，人活着又不能沒有悲劇性。

「眞理」是屬於大家的；「公理」也是大家所共認的道理。但「公理」有時可以看成「眞理」，有時却不一定是「眞理」。人存在的悲劇性，就往往發生在這裏邊，從這裏開始的。人與「眞理」活在一起，最後必也同「永恆」活在一起，因爲「眞理」具有存在的「永恆」性，被人類超越的智慧與良知不斷的探究發現與追認。當然過程有時是相當困苦與充滿悲劇性的。那是由於人處在現實社會中，基於利害關係，往往朝人多勢大的方向靠攏，但人多勢大所凸現與形成的所謂「公理」，有時未必是「眞理」，甚至隱藏着勢利、無義與殺害「眞理」的劣行。此刻，如果你作人有原則、是非分明、而且有良知並堅持「眞理」，則勢必同那些歪道的人不爲伍，但也難免處於孤獨狀況，或者是你採取閉關與退讓之道，像陶淵明退隱田園；老莊與王維悠遊於山水；或者像尼采以劇烈的對抗行爲，去面對存在的悲劇情境。至於妥協、見利棄義、見風轉舵……等小人，雖有利可圖，但不能不背起「鄉愿」「勢利」與「投機」之徒的醜名，使人存在的尊嚴與高貴的品格，也不能不跟着破產。像這樣卑下的活着，還有什麼的價値與意義呢？如果又身爲清高的文化人與文藝作家，那便更加的不是了。那也等於「賣身」。

畢竟世界上，一直與「眞理」活在一起的人，實在是少之又少；同功利現實社會上不一定是「眞理」的「公理」，活在一起的人比較多；因爲後者在眼前，活得比較順利，多有勝算，也免遭現實的傷害；至於這樣會不會損及良心，那是另一回事。至少當「公理」也是「眞理」時，便安心過關；若「公理」不是眞理時，尚能明哲保身，有利可圖，不吃眼前虧。社會上這種人佔的比例較多，便也往往形成「是非不明」，使「眞理」困在沒有紅綠燈的黃燈位置出不來。當然更令人感到痛心與厭惡的，是有些人專躲在「社會」美麗的屛風與面具背後，設計與導演着一個「顚倒是非」、「混水摸魚」、「虛僞勢利」的可怕的黑洞與陷井，將「眞理」抹黑與陷害，甚至使社會與世界沒有「眞理」這兩個字的存在。

存在的確是一種嚴肅的選擇。當你選擇與「眞理」在一起，你便也是選擇同「永恆」在一起，因爲只有「眞理」能「永恆」；當你選擇「不一定都是『眞理』的『公理』在一起，你便也是選擇同「有對也有不對的打折扣的人生」在一起；當你選擇同「顚倒是非、唯利是圖、背反『眞理』的『歪理』在一起，你便也是選擇同「敗德醜惡、可卑與錯誤的人生」在一起。

「三萬呎高空」打來的電話

眞是太巧了，當我正在校對「詩的追踪」這篇散文稿，校到我坐飛機飛到「三萬呎高空」內心所面臨詩的情境時，忽然電話鈴響了幾下，我拿起話筒，我的姓林朋友說：「有人在某書裏批評你寫的『三萬呎高空』，你找那本書來看看，眞是豈有此理……」。我回答：「好的，我忙過，會找來看看，謝謝你……」。

我後來讀到那批評的文字，好像是（好像不是）在間接批評我寫的「三萬呎高空……」那首詩，是「打高空」，如果是，便等於把剛才打電話的那位是我認爲至爲傑出非凡的文友也批評進去了。因爲他讀我「在三萬呎高空讀詩看畫」的那首詩，曾給予高的評價與美言：「重讀三島由紀夫的『F—104』，那令人驚震的『人的存在』……。想到你乘飛機望出機窗（在三萬呎高空）的感受，更超越了三島的理智，那是一種龐大無邊的精神磁場，我在其中見到了人類與文明在自然的氣氛中呈現的偉大感與磅礡感……」。

記得我在三萬呎高空，望着機窗外，曾寫的那些詩話與詩句是這樣的：

「……雲上，只留下一座宇宙的藍色玻璃大厦。大厦裏，一張椅子都不放；沒有什麼能留下來，有都在沒有中。雲下，也只留下煙囱，砲管與十字架；而都市與田園也只不過是被飛機攜着跑的兩輛玩具車……。」這是我的一些詩話。

「……在三萬呎高空／一幅幅不能畫的畫／都氣勢迫人的／自己跑來／迫使我雙目跪下依看……千山萬水／何處去／千飛萬翔／翅在那……問時間／春夏秋冬都不在／問空間／東南西北都跑掉／世界空在那裏／……太空船能運回多少天空／多少渺茫／……」

這是我曾寫過的一些詩句，它好像同千年前柳宗元「獨釣寒江雪」的地方通過話，只是在「三萬呎的高空」，看不見江與雪。

從上述的那些詩話與詩句看來，它是在打空空的「高空」嗎？其實我是被現代文明器物帶到三萬呎高空，同自然、宇宙與時空對話，所產生不同於古詩人的新的時空鄉愁與心境，企圖打開現代詩人在超離地面進入無山無水的新的想像空間與詩境。這種拓展創作的意圖，有什麼不好？而且像這樣圖以巨視的掃瞄鏡，透過具前衛感的極簡（MINIMAL）觀念，將人、宇宙與時空交錯、衍繁與龐大的存在情境，很快地提昇到這一至爲單純與終極的狀態，也絕非是一種空幻的擧動；而是必須有確實的體認以及含有宗教性的虔誠、嚮往與膜拜之情，方能在看到壯觀的宇宙景象時，將「看」的眼睛轉化到要眼睛「跪下來看」的情境，有所體會。的確單就這個「跪」字，應就絕非「打高空」了。這個『跪』字所花費的心力，實在也是不小的。不然如何能到達詩人里爾克「時間！我如何俯身向你」的『俯』字所指向的那個溢滿宗教性以及無限嚮往與膜拜的心靈世界？又如何能同貝多芬由「英雄」與「命運」

交響樂步入「第九交響樂」的宗教情懷相交會？

再說，在你我都時刻離不開的現代都市物質文明的生活現場——這一偏於形下的至爲現實與貼身的美麗的「低空」，我經過相當長的一段時間的實際追打，也的確打了一連串蠻痛快的「低空」；是否也可昇越到形上的三萬呎的另一個美麗的「高空」，去打「高空」裏所隱藏的另一些（如上文所述的）也動心感人的眞情與實境呢？

而且當飛機飛在三萬呎高空，機艙內的大多數旅客，都幾乎停留在抽煙、喝飲料、看報、看銀幕上的電視、或聽耳機裏的音樂或看錶算時間飛機何時落地……等事情與舉動，所架設成的現實空間裏，我打開機窗外那無限地展開的透明空間，內心所發現到的那些在超越與昇華中的一切，已進入對存在時空沉思默想的悟境，難道它就像你所認爲的是在高空裏打空靶嗎？還是在高空裏加速度地對着人與宇宙與時空相互存在於茫茫中的心臟地帶轟炸呢？無論你是否能回答，我倒想問你，如果也把你放在三萬呎高空的機艙裏，也請你同宇宙對話與打打高空，你的「心」又能打出何樣有氣魄與像樣的「高空」？就是將你放在被文明都市層層包裹在那現實的「低空」裏，你又曾打過那些令別人震撼令自己滿意的「低空」呢？

同性戀流行的年代

存在思想强調存在是自由的決擇，完全認同尼采强調人應從上帝的手中取回自我存在的全部自主權，則「男愛男」、「女愛女」，連上帝都不能管，那麼人有時自己都管不了自己，還能管別人身上的「家務事」嗎？尤其是在後現代流行慣的一句話：「只要我高興，爲什麼不可以」，加强自我存在滿足感的放任性，使「男愛男」、「女愛女」的情形，這原本受一般習慣與道德所約束的那條壓力線，便鬆解甚至斷了。

適逢高度發展的都市文明又以物慾與性慾不可擋的威勢，將人不斷地從形而上的靈境驅逐往形而下的文明獸區，使人成爲一頭滿足感官慾望而活的文明動物，而且凸現出極度自私、任性、佔有與特別尋求刺激與好奇的特性；同時加上人在性靈幾乎全被物慾與性慾摧毀的都市生活裏，所日漸感染的緊張、焦慮、空虛與寂寞的這些病症，能治療它的，仍是偏向性慾與物慾方面的藥力，並且越是信服這種藥力，便使病症更爲加深，像毒癮與吸毒一樣，形成人被都市文明打「空」後，尋求精神麻醉與逃避的主要方向與反復的行爲。因此我們便不難了解爲什麼政府一波波掃黃的那麼辛苦，爲什麼聞名東南亞的北投妓女戶解體後，會變成那麼多的休閒中心、賓館、美容院、三溫暖、酒廊、咖啡廳、MTV、KTV、與應召站……等變相的色情場所？爲什麼男的穿西裝、打領帶，女的塗口紅、噴香水，都大多是在唱都市「性」生活的前奏曲；最後都要在都市的指揮下到處高唱「性」生活的主題曲，使數不清的床第，相連陷落在淫亂的都市所設計的「黑洞」裏。

的確，當我們正視事實，都會清楚的看到，人被物慾與性慾的利箭追射與擊傷，很少人會到禮拜堂與文化中心去找庇護與治療，而總是沿着靠近「肉體」的地方逃避。最後總是女人成爲男人的療養院，男人成爲女人的療養院，於是人在都市文明展開的第二個美麗的原野上，已變成另一羣原始的文明動物，常進行着「紅毯」與「戶口名簿」之外的更爲自由廣泛的性行爲。於是形成離婚率直線上昇；談到結婚，大家都怕怕。甚至有人把「結婚是愛情的墳墓」這句老話，改成「結婚是爲了離婚」的豪語，還覺得有道理。

像這樣，都市本身就是一部製造物慾與性慾的機器，人跟着都市跑，最後便是盡情的吃喝玩樂與不一定要結婚的作樂；而且不斷的追求好奇、刺激與滿足的作樂。人也因此被專橫覇道的都市文明，驅趕上物慾與性慾的高速道，呈現交通頻繁與擁擠的問題，便也順應在「男女相愛」的單線道之外再加上「男愛男」、「女愛女」、變爲三線道，以滿足「性」通車更大的幅面與流量，是可見的。這也正好適合現代人在都市裏急切生存的心態——總希望在一秒鐘裏或生命的日落之前，整個滿足的世界都落在自己的手中。這種充份自私、佔有與急不容待的滿足慾與渴求，導使他們覺得在男女爲歡的快樂之外，尚有男與男、女與女之間相愛爲歡的其他快樂存在，爲何不進一步也想在生活中多得到那些快樂？此刻，我們或許可找到一些理由像「傷風敗德」等話來指責他們，但他們會說道德的標準是什麼，身體是他們的，你們管不了。如果製定法律來禁止，他們尚可遊行抗議；抗議不成，尚可像古代化明爲暗繼續進行，而且他們當中，尚有人會說，又不是他們要同性戀，而是造物將他們身體的機件裝錯受害的，難道你們一點同情心與人道精神都沒有嗎？他們也是人……像這樣，問題一定會僵持不下。

的確，將問題追究到此，對於女愛女、男愛男，採取是非題來回答贊同或反對，都可能出現不可避免的盲點。因爲我們之所以反對，是因爲不喜歡那種不正常甚至嘔心的性行爲；但如果別人持不同的看法與感覺，認爲那樣可得到與增加他們的快樂，又不犯法，我們的反對是不是都合理與有效，又有了問題。所以我覺得還是用選擇題來回答較理想。

我相信不少人甚至大部份的人，會像我一樣，以開放的觀點與視野，一方面站在自己的立場，反對不正常的性行爲；一方面又不能不承認別人自由所選擇的反常的（但他們自己覺得快樂）性行爲的存在事實。

其實，這一問題追究到最後，也至爲簡單。除了他們當中有人身體機件裝錯；大多是愛情婚姻挫敗而對婚姻絕望，於潛意識中尋求補償、舒解甚至是自虐性的報復。於是他們也順理成章的在都市文明所導演的性泛濫情況下，甚至在（或借用）「單身貴族」與「女強人」那兩塊美麗的招牌的掩護下，去進行那脫離常軌的性生活自助救濟行爲。這多少是不得已甚至帶有些苦衷的一種相對於正常的性行爲，也屬於性生活活動的「邊際」地帶，是可以理解與也承認其存在的事實。但不必用「贊同」兩字。而且我始終覺得男愛男、女愛女的情形，即使愛滋病不完全是因之而來，但也多少有違背自然的陰陽律之處，在習慣上總難免令人反感。再說其他的動物有沒有「公與公」「母與母」的作樂與作愛情形？如果沒有，那便是人類的文明思想，所製造的新的性生活種類，是美是醜，那又是見仁見智的問題了。不過我還是懷疑，爲什麼我看到「中國人」與「西方人」只是不同人種的結合，都大多有問題，不太能融和與快樂。何況「男愛男、女愛女」違背自然的陰陽律，又能有何樣眞正完美性的情形與結局，而且同性戀也只是人類正常性生活主流外，可能因性濫泛或由某些缺口處（就身體機件裝錯），所冒出的小支流，再好再美，也只能流成「茵夢湖」與「日月潭」，若敗壞與不美，則會流成帶有愛滋病毒的陰溝，便勢必增加衞生環保工作的困難。事實上，它絕不可能像源遠流長的正常的性主流，能流成廣濶壯麗的「愛琴海」，至於「愛琴海」，如有因慾潮洶湧（尤其是都市文明慫慾的情況下），造成愛情翻船現象，那的確也是難於完全防止與不可奈何的事。

附錄：

一九六〇年訪馬尼拉之旅

九月廿四日下午五時，目送女詩人蓉子在旅客檢查室的出入口消失後，機門關上，飛機開始滑行，我便意識到就要暫時告別這十二年來從未離開過的寶島了。這空間的突然變化，內心難免有所感觸。這次奉派赴菲觀摩民航業務，在五月初就開始向菲駐華領事館辦理入境簽證，唯因菲移民局對華人入境管制突然嚴了起來，就連已簽證的旅客也下令暫時禁止入境，這樣，我雖是政府人員因公出國，也被他們延擱了將近好幾個月。當我接到菲領事館通知可以走了，時間是太過匆促，已來不及寫信通知在菲的朋友。於是我擔心到達那邊，已是夜晚了，如果黎第斯瑪夫人，施穎洲，亞薇都不知我今晚抵達的消息，我將如何摸進一個從未到過的陌生的城？要是移民局再找一些不必要的理由來留難我……這時，飛機已飛到一萬二千呎的高空，在茫茫的雲海裏，宇宙的勢力開始在我的思潮中增强，人類激越的「自我」變得脆弱了，我不知不覺地感到人「存在」的孤寂；加上我這次赴菲沒有別的同伴，旅途上難免有孤獨之感，於是我叫空中小姐拿來幾份中文報紙，將自己消遣在新聞消息裏，心情似乎平靜下來：當我看見今天的中央日報、聯合日報、都登有中央社拍出關於我赴菲的消息，我便希望這消息同時也被菲律賓華僑報紙刊出，這樣就會有人來接我了；我將報紙合上，便同鄉座的那位菲律賓人大聊起天來，逢巧他也是在民航界服務，他此行是返菲渡假，手提包提着好幾瓶白蘭地，很得意的樣子，看上去就是一個標準樂天派的人物——但誰也沒有想到他就是在抵岷後的第二天，報紙刊出在巴西市與岷市交界處被匪徒攔刼的主角白希連那先生，他的白蘭地、行李、旅費以及伊壁鳩魯式的笑聲也一同被刼了，他的消息很不幸地登在我抵岷的消息下面；而現在，飛機飛在雲的無窮際的層巒之間，他的笑聲仍在座艙裏很響。當空中小姐端來晚餐，機身外的天空，不知是因誰不小心而失火了，令我不禁想起詩人吳望堯「落日」中的詩句：『火之宴啊！在大江的對岸，像摔碎瑪瑙的火球，於萬山的層巒……』一幅多麼壯麗的壁畫，令人陷入無限寧靜的詩境。直至飛機的輪子碰着馬尼拉像鈴一樣被碰響的地面，我才像由夢中醒過來！

大概是馬尼拉停機坪管制很嚴，看不見到機旁來接客的人，只是航空大厦二樓的看臺上站滿了人！我進入檢查室，到了移民處這一關，他們用冷冷的眼睛與言語問我：「你是華人嗎？」我說：「是的，我是中國政府官員，你們菲律賓民航局的客人。」他們好像並不理會我的話，只管說他們的「請進裏邊來，你帶的是普通護照，必須由你們大使館派人來保你，或由你的朋友拿貳千元菲幣保證金來作保。」我心裏想，這班傢伙，確是缺少人類的諒解與友善了，同時我意識到麻煩來了！因爲此刻已是八點多鐘，大使館已下班，電話叫不通。可是正當我面臨困境，大使館新聞參事虞爲已在我面前出現，他說他正是來接我的，我聽了非常驚喜，心裏想他一定是看見中央社的消息了。過了一會菲民航局長里維拉（Rivera）也來了，他表抱歉我剛才所遇到的困難，因爲我是他主管機構裏的客人，經他向移民處說明，事情便全部解決了。我鬆了一口氣，與虞參事走出檢查室，這時詩人亞薇、施穎洲兄的大女兒與公子約翰及施太太均等在外面。我們高興地彼此握手，便登車直向馬尼拉城內開去，亞薇及約翰不停地介紹說：「這一條是杜威路，馬尼拉最好的街道，靠近海灣，風景很美，可惜現在是晚上，又下着雨，看不出什麼來。」中途我們曾停車到小說家公孫嬿的寓所去坐了一會，因時候已不早了，我們說改天來看他。他高興地送我們出來，坐上原車，我們直向華人街新亞大旅社駛去。這家旅館是華僑開的，設備仍好，有冷氣、有收音機、有電話與單獨洗澡間，每天連用餐在內，大約廿元菲幣，並不算貴，於是決定在此住到我動身返臺之日。

這一夜我被許多不統一的聯想包圍得不能入睡，還是靠那來自 SOLAR 及 ONGPIN 街深夜遲歸馬車的鈴響告訴我，這是馬尼拉之夜啊！地球的另一角了。

次晨，不到八點鐘，第一個來捺響我門鈴的，是施穎洲先生，施先生因晚間在報館工作，白天較有空。我們見面彼此都很高興，他請我出去一同用早餐，這便是我第一次上街，也是第一次用眼睛在清晨去審視剛醒來的馬尼拉城。我心裍想，馬尼拉的街道與衞生實在太壞了，不但路面失修，而且水溝的汚水，在下雨天冒出地面來，馬車經過時，行人便遭殃了；更使人感到不舒服的，是那一羣一羣面目不可愛的倚牆人，站滿在街的轉角處，他們究竟是失業的遊民，或其中就藏有攔路人？形成馬尼拉城很不美麗的斑點，我禁不住向穎洲兄說：「華人區的環境實在不太好，爲什麼不設法改善？」據施先生說，華僑曾捐了不少錢給非律賓政府，希望他們能將這裏的道面修好，可是他們錢拿去了，什麼也沒有作，華僑也莫可奈何。因此，華人區一到雨季，便好像是馬尼拉城的陰影了。

施先生是那邊文化界的顯要人物，現任大中華日報的主編兼專欄作家。談及詩的方面，他很表好感，他現在仍念念不忘於詩的翻譯工作，他被認爲是非華文壇著名的翻譯家，在談話中，我曾希望他能由翻譯莎士比亞、拜倫、雪萊的往昔世界，過渡到翻譯艾略特、奧登、勞倫斯的現代世界來，轉運一些現代人新的精神食糧，他聽了笑笑，他留在我的印象中，是一個永遠謙遜與可敬的讀書人。

用完早點，我們匆匆趕回旅社，因爲黎第斯瑪夫人在九點鐘要到旅館來看我。回去不久，她果然來了，她坐了一會，臨走時，她給我電話號碼，說星期日上午九時要開車來旅館接我去遊大雅臺（TAYATAY）勝地及參觀鄉村賽會。

黎夫人離去，整個上午都由施先生陪着我。首先是到大使舘去作禮貌上的拜訪，一進大使舘大門便見到段大使，接着我去向虞爲參事爲昨晚的事表示謝意，然後我們去看大使舘秘書糜文開先生，並將女詩人蓉子的新著「七月的南方」轉送給他。臨走時，我們又去看公孫嬿；一見面他便叫「詩人來了！」我看見他得意的樣子，便也高興了起來：「大武官，你眞是越來越神氣啦！近來還寫小說？呂主編問候你，要你有空替『自由青年』寫點稿子，」他的回答總是爽快的：「有空一定寫。」他送我們到大使舘門口，說「再見」時，我突然感到同胞的聲音是如此親切，大概是因爲身在異邦吧！

施先生與我坐上計程車，直向馬尼拉國際機場駕去，這時，寬濶、平滑、筆直的杜威路，漸漸進入我的視線，確是名不虛傳；路旁植滿好看的綠樹，右邊是迷人的馬尼拉海灣，左邊是豪華的大飯店與旅舍，建築之堂皇與現代化確是臺北市比不上的，從這一個角度看上去，馬尼拉最初給我的印象便開始向好的方面修改了。我遊覽的眼睛被海灣的景色吸住，頗有點醉意；車抵達機場，施先生陪我去見菲民航局長及有關人員，將事情辦完後，便急急坐車回城去，在一家華僑餐廳裏，施先生又盡地主之誼，請我吃中飯，這份厚重的人情，只好留待以後有機會再來回報了！

由於我逗留馬尼拉的時間很短，所以每日必須整天留在機場參觀航空設備與收集有關資料，到了晚上，才稍有空，由詩人亞薇帶我到鬧區去看夜市。亞薇兄不但是詩人，報館主編及專欄作家，與施穎洲兄同是菲華文藝界的著名人物，今春也來訪問過臺灣；而且是一個熱心且富經驗的導遊者，他在馬尼拉住了將近廿年，對這裏的一切，他都能說出個究竟來；走進銀行街，他說這兩間最大的銀行是華僑開的，到了商業繁華區，他指那一間最大的公司，那一家最大的飯店也是華僑開的。於是我心裏想，馬尼拉的經濟力量既握在華僑手中，菲政府對華僑採取菲化政策，確是有用心的。我們從紅燈攔住的人潮中，順着綠燈的方向衝過去，頗有從電影院出來之感，街上熱鬧擁擠的情形眞是臺北市少見的；亞薇兄很快地將我帶到巴石河畔的廣場上，這是一個很理想的看臺。現在是七點半，馬尼拉市似一隻文明的巨獸，倒在霓虹燈與立體的巨型廣告牌下，十字街口，車子之多，（最多的是由「吉普」改裝成的「的士」，他們稱爲「集尼」）尤其是在下辦公，是臺北市民作夢也想不到的。縱使馬尼拉市從某些地方看來比高雄還不如，但它究竟仍保持着大都市的風貌，這是由於它人口的密度、建築物的高大與歐化以及貿易的繁榮所致；尤其是當那些少女們美麗的眼睛（西班牙血統的），如藍寶石與星星一樣滿街閃着，馬尼拉這座熱帶城，到了晚上便更加美麗而引人入想了；而較此更壯觀的却是橫跨在巴石河（Basic River）上的四座大橋：紀念菲律賓故總統的麥格賽橋（Magsaysay Bridge）與計順橋（Quezon Bridge）；紀念美太平洋戰爭英雄的麥克阿瑟橋（Me Arthur Bridge）以及紀念美參議員的鍾斯橋（Tones Bridge）。這四座橋成爲馬尼拉市四座卓越的精神建築，被遠東最大的郵政大厦守望着，成爲與城中心物質文明相對的平衡力量，使馬尼拉之夜，在艷麗迷人的夢裏，仍帶有幾分令人敬慕的端莊，但畢竟是紅顏多薄命，馬尼拉市不到九點鐘便閉了一隻眼睛，也死了一半，一到了十點鐘便幾乎是全部死透了，停止活動。這怪狀，據是說因這裏治安很壞，盜賊極活躍，幾乎令人猜疑它是一座神秘的海盜城，商家爲安全計，很早便關門上鎖，停止營業，較大的店舖並請有私人警察把門，這情形使我聯想到臺灣的治安較馬尼拉不知好得多少倍！在馬尼拉，朋友勸我晚上不要單獨出門，可是在臺北，夜裏一兩點鐘，仍有人毫不在乎地在街上走，可見大國與小國之分，並不在於建築物之大小了。

今天是星期六，馬尼拉政府機關休假（這辦法，如果我們政府也採用，倒也可說是國民精神上的一種福利），我的觀摩事項在這一天也大致告了一個段落，整整忙了五天，還有二天便要返臺北了，今天亞薇兄一早便帶着照相機來了，很高興地陪我出去拍照，我反因爲這幾天來，總是麻煩他來送我到機場去與接我回城，而感到有點過意不去；他每天除了到學校去教書，還要到報館去上班，較我還忙，所以我禁不住又說了一聲「謝謝你一早又跑來陪我，」他很高興地叫住一輛馬車，我們便向比敦洛天主教堂（Bindono Church）馳去，在那裏我們拍了一張相片，並追憶第二次大戰時，它如何被炸燬，十多名日本兵如何在裏邊堅守了一天，終於全部倒在神的面前；接着我們改乘計程車到巴石河的對岸，拍照遠東最大郵政大廈的外景，以市中心的大建築物與空中的巨型廣告牌作背景；然後我們又到菲律賓大旅社的後花園，用照相機收藏一些睡在馬尼拉海灣裏的風光；再步行到黎薩（Jose Rizal）故總統的紀念碑下，當時亞薇兄懷着敬慕之情追述着黎薩總統的往事，說他是因愛國反抗西班牙人被西人槍殺在這廣場裏，那時是一八九六年十二月三十日；黎薩總統生前不但是個政治家、革命家、思想家、教育家，而且是個醫生，詩人畫家與小說家；一個完整的偉大的天才，同時他的曾祖父又是中國人，所以華僑對他比菲律賓人還要崇敬他，我聽了非常感動。臨去時，仍依依不捨地向他的紀念碑再三注視，現在他再不會寂寞了！他的塑像有杜威大道與倫禮沓公園（Tuneta Park）及馬尼拉海灣陪伴着，自然界最美好的景色與全人類至高的敬意永遠守在那裏，黎薩是偉大的！我們帶着緬懷的心情坐上計程車，又以滑雪者之姿，溜入杜威路悅目的風景區。在 CAT 辦事處下車，接洽好返臺機票後，我們便走進一家咖啡廳，將疲勞與興奮一同抛到咖啡杯裏去。

下午三時，畫家朱一雄的太太（散文家莘人女士）驅車來接我們去參觀麥堅利堡（Tort Mekinly）美國軍人公墓，同去的有穎洲兄、亞薇兄、朱一雄夫婦及他的男女公子，大約半小時的車程便到了。這個世界一碰入我的視域，莊穆便也驚住我的內心；麥堅利堡是紀念第二次大戰七萬美軍在太平洋地區戰亡，七萬座大理石十字架上，刻着死者的名字，極壯觀也極悽慘地排列在寬濶空曠的綠坡上，展覽着太平洋沉痛的戰況，以及人類悲慘的命運，七萬個故事是被死亡永遠埋住了，這裏的世界，在都市喧噪的射程之外，有着偉大的顫慄，山林的鳥都不叫了，靜得多麼可怕，馬尼拉海灣在遠處閃目，芒菓林與鳳凰木連綿遍野，天藍、旗動，令人肅然起敬；天黑旗靜，周圍便黯然無聲，被死亡的感覺重壓着。站在死亡的十字花園裏，我們用照相機移植一些十字花與收藏這裏偉大的靜穆，然後踏着落日歸去。在途中，我一直被崇敬與空虛的心情襲擊着。本來依計劃，我們還要參觀華人公墓，但因時候不早了，而且今晚我已答應參加菲民航局副局長亞絲杜禮示（Asistores）在馬尼拉國際機場大廈舉行的酒會，所以必須先趕回旅館去。

在離別馬尼拉的前一天，也就是星期日，一早起來，我很高興，因爲這一天，我可盡情地玩了。黎第斯瑪夫人，約在八點三刻便開車來旅館接我，大概是要到鄉下去玩，她今天穿着的很樸素，但風度仍有增不減，大家都知道她是菲律賓文化界的主要人物，曾任菲律賓文化訪問團團長，訪問過臺灣；曾榮獲菲總統甚高榮譽的勳章，她的本家與夫家均爲百萬富翁，所以她被認爲是菲文化界名利雙全的人物；但她爲人非常謙遜，熱誠可親。啓程時，她請我與畫家朱一雄坐在她的後座，詩人亞薇坐在前座，可惜穎洲兄因要趕寫特稿，以及黎夫人的大女兒也因昨晚睡得太遲，均不能一同去。我們出發時，連黎夫人的司機一共是五個人，車子以時速八十里急馳着，馬尼拉鄉村的景色開始向我歡呼，簇擁的芒果林與一排排的椰子樹，點綴着空濶的原野，馬尼拉看來也有水果園之稱了！可是村莊上盡是簡陋的草屋，這是臺灣所沒有的現象，於是我禁不住說：「黎夫人，像這樣多的草屋，臺灣是很少見的。」黎夫人聽了也頗感慨說：「是的，這裏鄉下人生活很苦，與城裏人的生活相差很遠。」亞薇也轉過頭來用中國話對我說：「臺灣老百姓生活較這裏好。」我聽後很感欣慰，而且看看亞薇今天的穿着也頗有趣，他穿花格子衣，戴一頂是他與子豪在碧瑤照相時的花邊草帽，而且能講滿口西班牙腔英語，誰不留神，都會以爲他是非律賓人；朱一雄與黎夫人談論繪畫界的情形，談得很起勁，我也好奇地問起非律賓大畫家曼納沙拉（Manasala）來，因他今春來臺灣訪問時，給我的印象很深，記得我曾向他要過名片，他當時很乾脆地回答我：「我是不帶名片的人。」於是我也半開玩笑地回答他：「你不帶名片，但你帶滿了一口袋美麗的顏色。」他聽了哈哈大笑，他的笑聲使周圍的人都感到詫異，就因爲這一笑，我看見他藝術家豪爽的氣質，並成爲我在岷一直想見他的理由。現在當我聽到黎夫人說，在下午遊完勝地之後，約七時左右，於一個招待我的餐會上，可能見到他，（如果他能從城外趕回來），我聽了，心中非常高興，我的高興隨着急馳的車子一同爬到風景區大雅臺（Tayatay）。

大雅臺有點像臺中的日月潭，有展望的遠景，湖面也較寬，有原始的空曠之美。山上設有菲律賓大旅社的分社，供遊客們餐宿，情調幽美，黎夫人說她常帶女兒們來此度週末。她特別請我們吃這裏精製的椰子冰淇淋。十一點鐘，我們登車，向黎夫人舅舅的鄉居駕去，這一天正是她舅舅家裏渡西班牙的宗教節日，晚上，這裏並有鄉村賽會。此時，她舅舅家裏已擠滿了人，非常熱鬧，來賓中有神父、有小姐、太太、有菲大男女學生，我們稍爲遲到了，有些親友們用完自助餐已向主人告別，我們才由黎夫人帶進去見主人，然後每人端着盤子去選自己愛吃的菜，我這次吃的很多，大概是餓了，同時菲律賓菜，味道也並不壞，臨別時，黎夫人對主人說，我是剛從臺灣來的，明天就要回去，於是他好奇地拿他歷代的簽名簿要我簽名，並留下臺灣的地址。當我們告別那裏，走出那幢仍保持着西班牙韻味的木屋，不到幾步，便是風景幽美的菲大農學院了，但我的心仍留在西班牙時代那微妙的情景中。到了農學院（UP）的活動中心，我們又見到大畫家曼納沙拉的大壁畫，這兩幕雖比不上掛在馬尼拉國際機場大厦的那一幕壯觀，但仍顯示着他很高的才氣，他可說是菲律賓的現代壁畫之父，凡是宏偉的建築物，尤其是學府與政府機關的巨厦，都好像缺少不了曼氏的壁畫去美化。曼氏現在正爲菲政府在離岷不遠的另一個城市，畫一幕可得到很高報酬的大壁畫，他是目前菲律賓藝術界最走運的畫家，我們對他滿懷敬慕；在歸途中，我仍一直高與今晚將見到他。

車子以時速八十里急追着斜陽，在黎薩故總統的故居，我們停車，參觀他生前住屋裏的一切，然後便直向菲大的校本部駕去，這時，天已入晚，黎夫人帶我們去拜訪名小說家康莎禮士（Gonzaliz），康氏是菲大校長的秘書兼文學院教授，今春也訪問過臺灣，他所著之小說曾在國外多次獲獎，他是菲律賓小說界的領導人物，他就住在校區裏，那幢被竹林密密環抱住的西式木屋，裏邊佈置得很高雅，藝術氣氛也很濃，滿客廳都是書，他的太太是一個貌美且具風度的婦人，含有西班牙人的血統。她以美味的咖啡與點心招待我們。黎夫人看看錶，她說必須回家去一下，然後再轉來接我們到菲律賓餐廳去，今晚在那邊女詩人薇金尼亞小姐（Virginia Moreno）是宴客的主人；於是我們暫留在康教授家裏談論詩與藝術，在座的尚有一位印度學者，幸好亞薇與朱一雄幫助我翻譯，使我與康氏在藝術的論見上有了良好的交通。正當我們高興地談到七時一刻，黎夫人的車子準時來了，我們便告別康氏的家，一同上車到菲律賓餐廳去。餐廳裏邊，燈光柔和，且有美妙的西班牙音樂，情調幽雅，現在雖已入秋，但在馬尼拉仍有仲夏夜之感，在那些赴會的青年男女的眼睛中，仍流露着長夏的氣息；薇小姐今晚穿着很活潑的花裙，戴着項圈，同黎夫人高貴端莊的服飾異彩，她見到我們便高興地上前來握手，不停地問我：「你好嗎？太太好嗎？」，在微微的燈光下，本來不美的她也有幾分可愛了！我因見不到曼氏，便着急地問她：「曼納沙拉呢？」她說曼氏在外邊忙畫壁畫，今晚趕不回城來，於是我難免有點失望，因爲明天就要回臺北了，這機會很難得，同時我還想當面請他送一幅小畫給我作永久的紀念，現在是不可能了！我靠近薇小姐的位置坐下來，因她今晚是主人，特地爲我點了一些菲律賓菜，與美好的冰淇淋，同時要我幫助她想起一個是她一時記不起名字的詩人，她只記得在臺北，藍星詩社請她吃烤肉時，有一位詩人很瘦，衣着不好，而且極孤獨的樣子，於是我很快地便猜出是詩人周夢蝶，她請我將詩人夢蝶的英文名字寫下來，並且很關心地問起夢蝶的生活情形，由此可見她是一個多麼人道與天性純良的詩人！她現在與康教授同在菲大任教，她說，她年底要出版詩集，並將分贈臺北寫詩的朋友，於是我祝她成功。我們一直談到十點多鐘，離別時，我們在餐廳門口合照一張相片，康教授並送給我一些詩集與他自已的短篇小說，我謝謝他，更謝謝黎夫人與薇小姐，他們使我從早上八點三刻到晚上十點多鐘，足足十四個鐘頭裏，玩得如此痛快與留下那麼多美好的回憶！

回到旅館已是夜裏十二點多鐘了，我像剛抵岷的那晚一樣不能入睡，想起菲華文藝界人士以及菲律賓文化界人士的熱誠招待，人情的債實在太重了。今晚本來與菲華青年詩人們約好在一起聚談的，可是回來太晚，茶房說，他們今晚來了好幾次。我很難過地望着窗外Solar的夜；心裏想，如果他們再回來，只要他們願意，我可陪他們談到天亮，來彌補我不得已的失約。在過去幾次的接觸裏，我發覺他們對詩是何等的熱愛！也多麼希望能從我的談話中了解目前臺灣詩壇的動態，以及知道我對現代詩的看法，我確也盡過力量，曾有兩次我與他們直談至深夜，雖然我忙了一天很累，可是因爲他們的熱誠，我反而感到興奮。他們當中，由於南山鶴曾以詩人與記者身份來過臺灣，且與雲鶴藍菱等詩人常有詩作在臺灣詩刊發表，所以我同他見面便像是舊友重逢一樣，他近來生活很緊張，除了身爲報館記者，晚上還要讀書，上進得令人可佩，這一年來他創作較少，我再三希望他能繼續爲自已與菲華詩壇奮鬥，不要忘記過去努力來的成果，曾一度與雲鶴同被認爲是菲華詩壇的主要青年詩人的他，此刻頗有點感慨了，他與雲鶴同是愛沉默的詩人，但他的沉默是賦給於詩人精神以一種內在的冷靜力量，而雲鶴的沉默，使人看上去，則流露着詩人天性上憂慮的深度，雲鶴給我印象最深的是大家在一起暢談，他很少說話，緘默得可親，在我離岷前的四小時，他急急趕到旅館來告別，將一件禮物放在我手中，却將另一件禮物（沉默）留在我心裏，他不談什麼便離去了，那件「沉默」的禮物已成爲我內心永久的紀念，此外，與山鶴、雲鶴這沉默聲音相異的另一羣詩人的活潑的交響，便是庚竹、夏牧、南根、浪村、雲飛等詩人，他們給我的印象是尖銳的，形成菲華詩壇一種可喜的彈力的表現，他們對現代詩的探求很熱情，而且生活頗具彩色與富趣味性，他們有的是在大學裏唸書，有的是白天要到鄉間去作生意的，有的是販賣飾物的，有的是雜貨商，有的是記者或店員，他們到了晚上常在一起，渡過所謂街頭詩人的夜生活，或逛街去，或到飲食店去談詩，或讓啤酒將臉燒得像霓虹燈一樣去照着心靈的走道，任何人與他們在一起，都會疑心他們就是這一代憤怒的青年，透過他們詩人純潔的個性與情感，我覺得他們牧童式的生活形態，在都市夜晚的牧場上，有時却可愛與美得如跳弓的小夜曲。有一次，我也好奇地被他們拖在一起上街去，先是到一家山東餐館（名叫魯園）請我吃啤酒，並叫了不少菜，然後便是無目的去看燈市，跑累了，便走進一家冰菓店去飲冰，正好這家冰店是詩人開的，他們便把他從樓上拖下來，圍坐在一起談詩，那晚談得很起勁，他們提出不少關於現代詩的問題，並拿出作品來讓我批評，我說出的意見，他們都表贊同與誠懇接受，直至店舖上鎖的聲音將我們叫走。

離岷那天，施穎洲兄嫂及亞薇兄叫車子直送我到機場，黎第斯瑪夫人送來一包她家裏炸好的點心。當我與他們一一握別，滿懷都是謝意！這七天的訪問像作夢一樣，也像「七瓣花」開遍了我的歸途，開遍了安東街之夜；而我這刻坐在燈下，「沉思」它不動地站在回憶的長廊上，蕭邦的「夜思曲」雖帶我夢回岷市，但我是再也聽不到馬尼拉城 Salar 及 Ongpin 街入晚後馬車的鈴聲與馬車夫的鞭響了！

一九六七年經過紐約

「紐約」已成爲「現代」那雙妖艷迷人的眼睛，危險得如急劇的漩渦，連上帝的十字架它也想旋進去

羅 門

又一次離開這美麗的島，又一次聽見蓉子站在出境檢查室門口說着：「旅途上要小心些」，又一次將自我推入那陌生的遼闊的空間裏去，讓視野裏展現着一幕又一幕的風景……讓東京被燒死在夜總會與裸衣舞的慾火中、夏威夷溶化在陽光海水花環與草裙舞的交響裏、西雅圖終日注視着海與 Rainier Mountain 長年不去的雪景、白蘭地支持着晝夜不眠的舊金山，紅石山的露天劇場使丹佛（Denver）市聞名於世，多湖的奧克拉荷馬城(Oklahoma)以女孩子多禮貌的古典的笑以及它美麗的平原農莊與平濶的公路進駐我的假日；而當我被一位美籍詩人帶入花園都市華盛頓，將埋在阿靈頓以及所有偉人紀念館與碑座裏的幽靈驚動，我便繞着白宮的門前走過，然後，急急飛向那座是全世界觀光客都嚮往的城——那裏有浮雕在海上的自由神像、鐵橋與渡輪、支撐住天空中的帝國大厦與聯合國大樓、帶有傳奇性的時間廣場、格林威治村與第五街的誘惑、以及富於藝術趣味的 Raido City 劇場、林肯中心與世界上龐大的博物館；而且還有一整條街都是畫廊以及在 Brooklyn 區住着我一直關心的友人——他是從正門衝入西方的一位具有魄力的現代名畫家——莊喆。此外，「紐約」它整個看來，幾乎已成爲「現代」那隻最迷人的眼睛，讓我從裏邊窺見這代人靈魂的動向，以及他們內在生活的實況。

抵達紐約那天，在上空我確實被這座龐大的城驚動與吸引住，而連續去按照相機的快門。我心裏想，人生存在這裏，欲使機械文明的壓力與內在精神的動向，導向一種不發生衝突的合力裏去，它是多麼不易達成的一項艱巨的工程。這十多年來，我一直在懷疑這種努力的成果，但我又深怕這種可能性從人類生存的期望中失去……，正當我坐在紐約國際機場旅客休息室想着一些嚴肅與不嚴肅的事情時，莊喆便來將我接回他住在 Brooklyn 區的畫室。莊喆在我的直覺中，並不像我未抵紐約前想像中的那樣容光煥發，於是我很快地猜想到，當他的自我正面地與「西方」碰車時，內在的確難免要遭遇到一些不安的變故了，我必須從這方面去了解他目前的情況。首次看到他在美國完成的那些作品，便在直覺中，感到它顯然有了不同的變化，無論是在畫面，動筆與運思上，都顯示了接受西方精神衝擊後的異於往昔的表現。在衝破過去，以及在實驗中探索新的繪畫方向，這在莊喆的創作世界裏，不止是技巧上的問題，而是搏動的自我在衝擊與抗擊時，所引起的那些破裂，於一時尚不能使之歸向在一發展的焦點上，便難免要發生某些困惑了。但這些困惑並非什麼大的阻礙，於莊喆一直向過去與未來勇於挑戰的情況下，只不過是一種調度的力量，提醒與幫助他去找到更適合於自我進展的途徑。困境對於一個有魄力的藝術家，絕不是永久鎖住的牢，只是一種更有作用性的考驗，而向未來展示着更美好的預想。

那晚我們談得很興奮，談到藝術家的風貌時，我強調說，如果他確是一個藝術家，我們與他相處，往往在呼吸裏幾乎都可聞得出來。他的氣質與才情，他獨往獨來地向孤高的自我之頂峯探索，給予藝術以一種撲向生命內在的强固與堅實的力量，使我們在思考中感知作品的不能消滅的耐度，而非那瞬息間便消失的一種遊戲。是故，藝術便也因此擁有它永恒的價值。然而在機械文明引起一切不斷突變的現代，人們對「永恒」兩字已越來越漠然，藝術在西方尤其是在美國，確已隨着這一反動的思潮，逐漸自心靈深入的默思世界中躍出，而撲向那多彩多姿且多變的感覺世界，使創作精神成爲替機械秩序與外在世界工作的忠僕。這現象，我們如果從這代人生存的眞實處境中去追究，是不難找到答案的，尤其是在那已視爲是美國心臟與「現代」的眼睛的紐約，更可替此尋獲結論。

在西方、在美國、在紐約——這物質文明急遽的漩渦裏，它旋轉的方向，幾乎總是背着深入的靈思世界而活動。由於機械的迅速發展，使「時間」緊張起來，「空間」動盪起來，人們爲抓牢眼前這搖擺不定的生存面，是事實上無法也沒有時機去探入一切事物的內在與自我的中心位置；只能被驅逐在外向的浮動的世界裏，讓精神與思想撲在物質文明的旋轉面上，去追索那不斷幻變且同「靈思」很少發生關聯的生命樂趣——在百貨公司的傾銷日，在週末特別擁擠的超級市場，在自助餐廳的碗碟洗了又髒的迅速循環裏，在意大利餅與三文治速簡地完成大衆化的午餐裏，在玻璃橱窗陳列着價値數萬美金一顆的鑽石的第五街（大多數人將寶貴的一生在工作中磨光，也磨不出那塊小石頭來）、在另一座較帝國大厦還要高的建築物正在爬昇的投影裏，在電梯與起重機的升降之間，在像跑警報般動亂的地下道，在薪水與工作時數計算着生存的目的裏，在標準與秩序所機械化了的生活形態中，在一天工作八小時一星期五個工作天之後，人們便讓電視、划水、橋牌、賽狗、高爾夫球、啤酒、夜總會、戲院……等這些玩兒，把整個假日佔了，或者到禮拜堂去交際，或者在院子裏剪草，或坐在客廳裏看報與咬煙斗……。「生存」兩字，對於生活在這裏的人，是多麼的迫切與緊要。的確，如沙特所指認的，他們除了生存無他。他們對於看不見的內在世界，已越來越疏遠，對於埋在事物深處的奧秘也越來越沒有聯想力。他們熱心追求的，是如何使收入的數字提高，以便在分期付款的優良制度下，看到生活環境的不斷改善。他們存在的處境，便一直是迫着他們去同外在機械化的忙亂現實交往，使生命裏邊幾乎空不出一點位置來給精神進行形而上的活動。這種被都市文明擱淺在外傾世界裏而缺乏深入思考的生存現象，如果你到車子擁擠得比步行還慢的百老滙鬧區，到香水與媚態製造着另一種文明的第五街，到上下班匆促的渡輪上或到那可使一個剛到此的東方人發生神經錯亂的地下道，看那一羣一羣忙亂的乘客與行人的漠然與緊張的臉色，你便絕不會驚訝這代人在日漸繁榮的都市化生活裏，同深入的藝術心靈是距離得多麼的遼遠啊！而且多少還可因此領悟到「現代」的含義。

在物質文明居領導地位的紐約，「現代」雖已暴露了它最後的身份，與它特殊的解釋；

它是爲人類的官能活動而逐漸輝煌的；不須經由靈思，只企求達到官能上的快感以及慾望上的滿足而活着的人，是越來越多了，像奧登那樣「活着就是（深入地）想着」的人是越來越少了，像詩人里爾克那樣對人生、死亡、時空去沉思默想的人則更少了。在紐約，就是博物館、畫廊、藝術活動中心乃至浮在海上的自由神像，除了增加來自遠方的觀光客在旅途上的一些彩姿外，我想對於大多數住在紐約已久者的靈境，是不會有什麼驚人的作用力的。摩天樓的陰影與機械的喧囂，迫使這代人的內在世界低沉與灰暗，也使我想買到艾略特與桑德堡的詩集時，被老板帶到書店最裏邊的角落裏去，並對我說：「你是我賣這類書，在本年內的前三名顧客」，可見在大都市，詩是被放逐的，靈魂是寂寞的。就是在受物質文明威力作用較輕的美國南部奧克拉荷馬城，也同樣流行着這種現代的病情。在奧克拉荷馬城的一個藝術季裏，我就親眼看到這裏的人，也是不會與不喜歡去用靈視來探望生存的方向的。所以在那次露天的藝術展裏，雖然雕塑家 Paul Evans，他不凡的雕塑被一位有見識的記者以夠大的篇幅介紹在地方報的第一版上，但大多數觀衆經過他展出的作品時，仍是半嘲笑地看也不多看幾眼，很少有人像我那樣走過去向他稱讚說：「你的作品確是不凡的，它發出的聲音，離這代人好近，可是這些人都聽不見，他們只會用捕捉自然外形的眼睛去看世界，而不會使用靈視的……」就因爲我上前說了這幾句話，當時我們便成了朋友，從此我在美國南部奧克拉荷馬城的週末與假日，總是到他的家裏，坐在他的車上，原來他也是一位詩人，對現代人的性靈活動，也具有深入的透視力。

顯然的，紐約是「現代」的容貌與聲調的最完備的攝影室與錄音室，從裏邊可看見這代人靈魂揮動的手勢。一個人生存在紐約，使用感覺的機會較多，精神與思想幾乎是機械地擁在現實的變動面上，心靈幾乎是落空與靜止的；這也正是都市發達刺激人類生活形態劇變的自然現象，這現象確隨着世界越來越都市化的趨勢，日漸嚴重。難怪紐約目前各式各樣的畫廊所展出的作品，都顯示着受這一精神意識的影響——就是當人類被困在機械文明所製造的輝煌世界裏，被緊張動亂與忙迫的外在生活包圍，實在無法去探視心靈的內景，於是那建立在感覺世界裏的迅速效果，便自然地成爲目前不少畫家創作精神的撲擊點，也就是强調畫面上帶有一些（頗討好這代人視覺的）工業設計的韻味以及使用鮮豔的彩色與單純的構圖，使人們在對未來與過去來不及聯想的那一刹那，迅速地將直覺中的快感擊亮。這種繪畫趨勢，雖把握住了感覺世界裏的燃燒點，表現了一種純粹且帶有强烈趣味性的外傾的美，同這代人不斷追索物質文明與外在新奇世界的心情相一致；但漠視了藝術家對一切事物深入的思考力，以及揚棄人類精神活動的莊嚴性與永恒性，確實是不智的。可是「紐約」那股都市文明的扭力畢竟是相當頑强的，它就如此扭轉着不少畫家的畫筆，去替官感與精神機械的活動世界工作，從一切事物存在的內層世界中撤退，使好奇心緊跟着新奇的外在世界轉，使過去與未來在畫面上成爲空茫茫的一片，使眼前變動的世界在畫面上如燃燒在視境裏一亮一暗的五彩幻燈片般連續着，沒有悲劇性的激辯，沒有自我的掙扎，沒有對過去與未來的責任感；由控訴與評擊的席位上退下來，使奇妙的一切不受指責地活動在淨化的感覺世界裏……

這種創作傾向，便是因人類深遠的聯想力被輾碎在急轉的機械齒輪下，而使世界進入一種不可靠的迅變中所引起，結果是事情的誕生總是像不斷更換的汽車牌子，以及只閃亮一次的照相機燈泡那樣出現與消失，這雖把握住了一切事物暴露時的原始性與新奇性，但却也因其忽視了使這些原始性與新奇性去同內向的精神世界連在一起，而難免也喪失了一個更爲深遠的性靈上的交感世界，顯出藝術上一項頗爲重大的損失。然而，當我們一再想起「紐約」，想起這一影響着世界各大城市發展以及引導人類生活全面化傾向於物質文明的工商業中心——它確實對於那羣從事心靈深處探險的藝術工作者，是格格不入的，它控制住生存那條外向的撲動的軌道，而大多數現代人則都樂於擠在那條軌道上，管他的海明威指他們爲落空的一代，他們確信「紐約」可支持住他們的生命朝下升，於是在擁擠的百貨公司、在動亂的地下道、在車輛列隊擠滿的鬧街、在時間被脚步踩得粉碎的「時間廣場」、在晚禮服香檳與雪茄製造的高級或不高級的宴會裏、在時裝與避孕藥暢售的銷路上、在股票與彩券捲起的風波中、在彩色電視廣告與忙碌的計算機之間、在一切都落入「買」與「賣」的冷酷的含義裏……靈魂如何喊出它的高價，「永恒」與「不朽」的證據，如果落入那羣流蕩在格林威治村的年青人手中，我們便更難確定生存的意義了；他們不但漠視物質文明，而且對名利與一切均表懷疑，他們在不損害他人的情形下，從一切束縛中解放了自己，在任何人看來都不順眼而他們却無所謂地男扮女、女扮男地在街上盪着，白晝閉目睡覺，夜晚張大眼睛出來，過着一種近乎瘋狂的浪漫派藝術家的生活，但是他們當中很少有人創作，也不想創作，行動雖帶有點惡作劇但並不犯法，只是極力要求將自己從一切壓制下，裸着掙脫了出來，露出「自我」的原始性，然後是在酒與忘却中迷失入時間的空白，使一切都擁擠在一點上，但沒有方向，他們在什麼都應有盡有的紐約，反而是什麼都沒有，什麼都放棄的落空者，只是沒有答案地活下去，成爲荒謬可笑的悲劇性人物，成爲最顯著的人物——嬉皮。於是在那用五角錢可在機器上造出一幅抽象畫來的已日漸衰微的格林威治藝術村——它的充滿了怪乖與不正常現象的街道，在我看來，已像是「現代」的一條不易修補的裂痕。

在高速中活動的紐約，大多數人的靈魂幾乎是冬眠的。當地下車與電梯醒來，他們的身體與腿，便也醒來，跟着機械的秩序與動亂的現實急速地轉動，可是他們的靈魂仍被關在這代人很少去打開的內在，呼呼大睡。在紐約，人類過去寶貴的兩樣精神產業，幾乎被機械的輪齒完全吃掉——一是在我們仰望時，頗能產生精神的形而上作用的天空，被高聳龐大的建築物圍攏過來吃掉，一是當我們遼望時，頗能使精神在靜觀中超越的田園感，被緊張的都市生活吃掉。因之，大自然寧靜、曠達、怡然與舒暢的容貌終被破壞了，紐約也成爲那名逃避不了責任的毀容者。當「紐約」進入完全都市化的活動中，失去了德國人望向天空的玄想，以及東方人坐入田園的靜觀，而只用「腦」與「行動」去同急不容待的「現實」之間，建立起一種機械式往來的關係，既無法也無空閒去在腦門與心靈之間，舖出一條「聯想」的軌道來，將一切引向無限奧秘的心感活動之中，結果是導致生命的裏邊成爲一空洞寂寞的孤島。

在這種放逐靈思的處境下產生的精神形態，所創作出來的藝術，我們如何去找到它存在的深度？記得我與莊喆在紐約，步入一家正在揭幕的現代畫展覽會，會中有鷄尾酒招待客人，男男女女都穿着禮服，頗爲隆重，壁上掛滿了大紅大綠的抽象畫，而且幾乎都是巨幅的，用不着說，一看便知是目前正在風行的所謂歐普派的畫，的確替我上面的論調作了證明，我與莊喆看了又看，這些畫，除了在人們視覺上，給予一種突來的猛擊外，在心靈的深處則毫無動靜，就像這酒會上那羣青年人那樣浮動，那樣在單純好奇與喜動中擁抱住的快感；就像他們杯中的威士忌那樣紅，那樣具有刹那間强烈的刺激性；就像靈思全被感官放逐，而在眼前突現的那個同過去與未來都不相識的美妙的處女世界。我知道這畫風它精神活動的限度以及它對「美感」的給出力，我也知道它是偏重於外在機械的刺動與作用，而把藝術安置在那既不容色情進來也將靈思放出去的非常純然與强烈的感覺世界中——這種創作表現頗使我懷疑，同時也使我感到困惑。透過存在思想的誰都不能不顧的「處境」，我們也只好在反對中承認它那自然地存在的事實；它在跟着現代物質文明彩色的大輪盤旋轉時，是頗輝煌且有位置可站住的，可是它不能超越，它不能進入心靈的底層世界，也不太認識永恒的面貌，它像剛出生的嬰兒那樣好奇稚氣與任性。

而莊喆，他是必須由這裏邊跨越的，而且精神上更有着深遠的期待——期待「直覺」與「靈思」接合，期待作品的精神向內逐漸成熟爲一種厚重感。莊喆不但一方面體認到紐約目前普普與歐普等畫派所抓住一切不容深思的突發性以及「機械文明」滿懷的處女性與新奇性；而且確信人類生命裏邊與大自然的深處，永遠埋着一種令人信服與沉凝的力量，可幫助我們在物質文明巨大的扭力中，仍把握住一切朝「美」方面活動的昇力與較佳的方向。這也可說是莊喆在目前，在過去與未來創作上的基本態度，無論他在藝術世界裏是如何更變着自己的姿態與位置，他絕不會完全脫離了他獨特的「自我」的軌道，而造成一種無主的流變，他以往創作的基本世界是一直支持着他在西方、在美國、在紐約那激盪的藝術思潮中，接受這一次重大的挑戰與沖激。毫無疑義的，他的畫境曾發生過一次不小的波動，遭受到衝破而不能馬上合攏來的困攪，但他畢竟忍視着這一切，也因此更看清了自我的神情，與一已創作精神的適應性，以及在他筆下那些東西是碰不碎的。當他把在臺灣完成的舊作同目前在紐約Brooklyn 畫室裏完成的新作放在一起時，我與他都有同感，很明顯的，他的畫是受外力的衝激而呈露着一種抑制不了的變化，可是這變化絕不是否定與使前後孤立的，而是在這次遭受的衝破中，更切實地覺悟到審視過去與擴展未來的急要性。由於莊喆的創作精神在根本上，不是孤立「現在」與「瞬息」的，所以他的「現在」與「瞬息」總是連在他背景與前景的可見或不可見的連線上。他不像目前那裏熱於追找外在機械的變的西方畫家，只將奇妙的瞬息世界孤立起來圍擊，或把不需深思的趣味性與刺激性，裝置在畫面上，迷惑觀衆的視境，引起感覺上的快感多於美感；而他是將這一切置在向內的全面注視下，使之自然地同心靈的內景連起來，在精神的內斂與凝定中產生一種連續性的默擊力與擒住「靈視」不放的持久力，這種佳評與贊詞，如果說得不夠完全與詳細，只有莊喆他的作品本身能全部告訴你了。

當我撥了將近十位電話號碼數字找到了詩人瘂弦與黃用向他們說再見；同莊喆在普靈斯

頓、詩人葉維廉家裏與一些留學生大吃葉太太拿手的中國菜與烤肉，且在普靈斯頓大學圖書館、故胡適博士辦公室裏，對着他掛在壁上遺像，留下一次深遠的注視；坐上渡輪繞過自由神像，讓紐約在背後昇起如一座巨大無比的浮雕，同莊喆登臨 Staten Island 到柯美雪教授她那有着汽車、洋房、鋼琴、名畫、電視、烤箱、地毯、空氣調節器、與名酒的住家，在美酒中完成一次懇切的造訪……接着便被留美短速的時間緊盯着走出 Brookly 街的畫室，走出我與莊喆每天都要走進去的地下道，走出麥廸畫廊街，走出聯合國大樓與帝國大厦，走出時間廣場與林肯中心，走出格林威治村與中國城，走出猶太人、意大利人、波多黎哥人、黑人、紅人、白人與黃種人的方言，走出意大利餅、熱狗與廣東館的擁擠，走出「紐約」這雙妖豔迷人的「現代」的眼睛——它危險得如急遽的漩渦，連上帝的十字架它也要旋進去；過後，芝加哥、西雅圖、舊金山、夏威夷與東京便像一羣光滑的保齡球，順序排在我的歸途與我的視道上，讓我的眼睛在一陣陣抑制不了的歡笑聲中，看它們把風景一一擊中，且留住一部份遊與風采在臉上，也好讓我回來時，聽聽蓉子帶着只百分之一責備的口吻說：「看你玩得高興的樣子」。

民國五十六年八月

一九七九年世界詩人大會在漢城

一、啓程

七月一日，我們三十五位中華民國代表（包括寫現代詩與傳統詩的詩人），登上國泰四一〇班機，飛往漢城，出席第四屆世界詩人大會，陣容之浩大，在參加的三十多個國家中，僅次於美國。

從臺北坐機到漢城，較從臺北坐火車到臺中還快些，僅需二小時三十分的時間。當飛機爬昇到三萬呎的高空，窗外雲海茫茫，藍天無際，只有夢能留下。此刻，凡是字典解釋得不夠清楚的那些字眼，如單純、明朗、自由、遼闊、神秘、空茫、寂靜、隱逸與超越等，均能獲得充份的說明。整個世界輕盈得像一朵雲，飄飄然而去，坐在我身邊的蓉子，靜靜的凝望着機窗外，好像在遙想着生命的一些什麼，這種景象已是多次了，一次是在我們飛往馬尼拉參加第一屆世界詩人大會的途上；一次是在我們飛往美國參加第三屆世界詩人大會的途上；內心的確是一次比一次更感到人生旅途上的這份難得的快慰。正想着又要同國際詩壇不少老朋友再度晤面，而陷入過去的一些難忘的記憶中，機輪已着陸金浦機場了。

進入機場大厦檢查室，有兩樣事情特別使我們感到高興與驕傲的：第一是我們桃園中正國際機場，遠比金浦機場規模宏偉龐大，而且內部設備也較之豪華美觀，這顯示出我們邁向現代化建設，在重點上，是較韓國更具有魄力的；第二是韓國人非常尊重作家，尤其是來自與他們有共同文化淵源的中華民國的作家，當檢查人員知道我們是作家身份，他的客氣、禮貌、尊敬與笑容全從臉上流露了出來。

走出檢查室，來迎接我們的，是韓國國際文化部主任，我們乘上大會派來的專車，向城裏進發。沿途，我們都一致稱讚漢城的空氣，較臺北清新與乾淨。雖值炎夏，但並不像臺北那樣炎熱逼人，道路兩旁長滿了楊柳樹，綠意盎然。韓國的氣候景象，的確是四季分明，春紅、夏綠、秋黃、冬白，景色井然有序。鄉下民舍，不但外觀求取美的造型，使其整潔與統一，牆壁屋頂更塗上紅、藍、黃等鮮明的色彩，同其周圍翠綠色的田野相交映，眞是美觀悅目如畫，給予觀光客的觀感，是韓國老百姓的生活，不但遠離了貧窮，而且看來還有藝術的美感。

當漢城逐漸地進入我們的視線，也許是因爲有不少幢二、三十層的高樓，聳立在高空中，非常有條理地配合着其他的建築，構成參差有序的輪廓，使我們一眼看過去，便禁不住要說漢城是一座具有現代雕塑造型美的城。

車停在大會招待我們住宿的路德旅館（Lotte Hotel），那是一座三十八層漢城最高大的旅館，我內心忽然對韓國現代都市的開發，感到驚佩，因爲同我二年前看到的漢城，大不相同。那時看不出它較臺北有超前的現象，但現在確超前了不少。這主要是由於它有不少壯觀與高大造型的建築物，聳入都市的上空所使然。據說要不是居於國防機密，建築物限高在四十層以下，漢城早有與東京齊觀的五、六十層的摩天樓問世了。

進入旅館的走廊，我們順着指示牌直往大會辦事處報到，拿到各人房間的鑰匙便急急登樓，在電梯門口首先遇到的是第三次世界詩人大會的會長卜納德夫婦，接着是一年多不見面的詩人彭邦楨夫婦。

我們來自世界各國的一百多位代表，每兩人分別住入每天收費七十美元的雙人房，每天中餐晚餐，均安排有韓國官方或民間顯要人士的盛宴，這種豪華的享受，對於一向以淡泊生活爲常態的詩人來說，似乎是不太調和的；杜甫作夢也想不到現代詩人會活得那麼舒服。但從另一方面來看，韓國政府以將近一千萬臺幣的巨額經費，來學辦這次活動，給來自世界各國詩人如此優厚的款待，顯然是有理由的。因爲他們一向非常尊重作家與詩人，他們甚至已爲自己國內仍在世的名詩人立碑；他們認明文化與文藝，是國人精神文明的昇力，更是一國國魂的靈泉，較伺養動物性的物質，更具重要性，這確是可佩的現象。

所以韓國在高度現代化的發展中，由於重視文化與文藝，故能使物質與精神文明，在穩定的平衡狀態中推進，導使國民的心態，在處世與處事方面，表現出非常落實、沉着進取與自負的態度，這不但從他們現代化都市的快速發展中，可看到，就是從他們策劃這次世界詩人大會的成功，也可看到。

的確，在我先後參加在馬尼拉、臺北、美國與漢城召開的四屆詩人大會當中，韓國辦的，是最具規模與成功的一次；無論會議的程序，節目的安排與進度，以及會後的參觀與接待，都顯得非常的有條理，認眞不苟，緊湊而生動，充實而舒暢，幾乎是每位代表都同聲稱讚的。

二、大會的快鏡頭

七月二日上午十時，第四屆世界詩人大會，在漢城路德旅館豪華的水晶廳裏正式揭幕，詩人代表與各界的貴賓，達數百人之多，典禮熱烈而隆重，大會由韓國國務總理崔圭夏主持揭幕禮，大會主席趙炳華致謝詞，韓國國際文化協會會長金明會發表對本屆大會的感想。此外，我國代表團團長曾上臺，向大會致贈祝賀紀念品，與致簡短的賀詞，……，這使中國代表團在會場上，給來賓留下較深的印象。同時我們不少團員與大會主席有十多年的深交，加上中韓兩國在文化淵源上，是兄弟之邦，很多潛在的因素，使我們與大會的關係，自然很密切。

至於此次大會的主要內容，除了發表論文（着重東西方詩思的探討）與作品發表朗誦（均以自己本國話朗誦，附有英譯）等兩項主要活動外，便是爲促進國際詩人友誼的交流，以及參觀韓國的大自然風光，歷史、文物、名勝古蹟，及韓國現代化建設的進步情形。

發表論文方面，參加的人數，至爲踴躍，一般說來，以美國詩人普納德（Jero Platthy）

的『東西方詩的關係』，以及德國詩人海格斯登（Rudole Hagelstange）的『在機械年代中的國際主義文學』與英國詩人塞爾肯（Jon Silkin）的『現代詩中的東西方問題』等三篇較有內容與見地。

至於作品發表與朗讀，是較宜讀論文要來得生動與有趣些，因爲不但可看見各國詩人朗誦時的神采，而且因在朗讀時，儘量以自己本國語言，故各種不同的聲音，便自然使整個發表朗讀會顯得多彩多姿與溢滿風趣了。在策劃上，韓國爲給自己本國詩人有較多發表與朗誦的機會，故在安排三十多國詩人的朗誦會之外，特別安排有一次韓國詩人的朗讀會。由於時間的限制，朗誦會只有兩個多小時，而預定有三十多國的詩人參加，則朗誦會主持人便決定每個國家只能有一人代表朗誦。

我本人這次能接受三十多國詩人朗誦會主持人申東春教授親自邀請參加朗誦，那大多是因爲她曾讀過我被韓譯與英譯的部份作品，以及我們曾三次在國際性的文藝場合中晤過面，彼此間已有相當的印象與友誼，她的邀請，我雖感到榮幸，但也惶恐。我原先是打算朗讀「板門店卅八度線」與韓國有關的那首長詩，但申教授認爲太長，於是我便決定讀『麥堅利堡』這首詩，而且我還把它背誦出來。想不到我讀完之後，接着朗讀的是美國詩人高肯博士（Dr. W. H. Cohen），他在美國是一位駐校詩人，現正在我國政大任客座教授，由於他本人對『麥』詩早有印象，他一上臺，便大大的誇耀我與這首詩，多少對我們代表團有光彩。

除我朗誦之外，洛夫也同一些外國詩人被安排在韓國國內詩人朗誦會上，朗讀他的作品

『雪祭韓龍雲』，這樣，兩次朗誦會都有中國代表在朗讀了。

三、會外會

在開會日程排得如此緊湊的情況下，我們代表團的團員，曾分別地把握僅有的機會，進行了三項有意義的會外會活動。

一次是韓國寫漢詩的傳統詩人，在成均館大學籌辦的漢詩吟唱會，邀請我國代表的傳統詩人參加，朗讀的情形，也相當的熱烈與出色。這次活動，不但使中韓兩國愛好漢詩（傳統詩）的朋友，獲得進一步的聯繫，而且有助於推廣與宣揚漢詩的影響力，同時也有利於中韓兩國文化的交流。

另一次會外會是韓國元老詩人徐庭柱，邀請的晚宴，這位爲韓國朝野普遍尊重的詩人，一向很少參加社交活動，能由他出面來請客，實在是件不可多得的事。這次的晚宴，是由許世旭博士轉達我們十多位新詩人的，其中極大多數，是上次訪韓，曾接受徐先生款宴的。大家都知道許博士是中國通，我們這一代中國作家的文采與情誼，能確實且深入地同韓國文藝界人士，尤其是能同徐庭柱先生，發生關係，許博士可說是一位大功臣。

那晚徐先生特約幾位韓國詩人作陪，以道地的韓國酒與韓國菜招待我們。回憶前年在漢城同徐先生交杯而飲的盛情，當時不會喝酒的我，也乾了好幾杯。今晚友情、詩情，又勢必與酒意交流在一起了。先是徐先生壓不住內心的狂喜與熱情，而站起來唱出令人緬懷的韓國歌，接着是詩人辛鬱叫座的民謠，詩人管管與菩提的京戲輪唱，張默奔放的詩朗讀，蓉子富於東方古典情韻的吟誦，以及羊令野因情動而揮毫……這種雅興與豪情，把整個氣氛交映得那麼熱烈與激奮，而我半杯酒下去，靜靜的望着徐先生的坐姿與神態。他一動，便似有江河流過；他不動，便似山坐在那裏。這時，我們像暢飲在唐代的酒店裏，古昔離我們近了，「現代」反而離我們遠了，在酒意中，徐先生滿身都是自然的山水，悠悠自得的樣子，多看他幾眼，眞會在幻覺中，閃現出王維與陶淵明的影子來。羊令野、洛夫、蓉子等人好像有所憑，在留言簿上，已寫下了一些什麼。而我仍靜靜的留在沉思中，回憶徐先生歐遊，在歸程中，經過臺北接受文復會谷鳳祥先生的歡迎茶會上，透過他大半人生的體歷，而仍那麼灑脫與堅定地强調東方的自然觀，在世上將永遠是佔優勢的生存信念，我當時也曾有所感說出了兩句引起他內心共鳴的話，我說：「煉鋼廠在西方，煉心廠在東方」，他聽了點點頭，會心一笑，這一笑，像是彼此在心靈深處接觸所射出的一道光，於此刻從記憶中照了過來，亮起我的思境，友情與詩情相交溶，我便也忍不住將留言簿拿過來寫下一些話：

『今晚，每盤菜都是韓國最親切的土地
每杯酒都是韓國最甜美的江水
每張臉都是記憶中難忘的風景
每一句話、一聲笑都把心拉近又拉近
徐庭柱先生，每當我聽向你

你便是深山裏最冷澈的泉音
每當我望向你
你便是被泉音說得那麼遠的那朵雲

這段話，經由許博士翻譯給徐先生聽，徐先生又是會心一笑，而且對我們的留言，大大的讚許了一番。最後我們盡興地乾杯，同徐先生一一握別，永遠留在我們心中的，是這位韓國大詩人儒雅、祥和深沉與淡遠的精神風貌。

最後的一次會外會活動，是我國駐韓大使朱撫松先生，在大使館所招待的歡迎茶會，會上朱大使以非常伶俐的口才，以及令人深思與流暢的詞句，把我國與韓國，無論在政治、經濟、文化、教育以及社會形態與民情等各方面所處的境況，均作了簡單扼要而精闢的分析與中肯的評說，使我們對中韓兩國的關係，獲得更進一步的了解。朱大使這些年來，便是本着中韓兩國國情在各方面的類似性與親近性，而在國際極為動盪的潮流中，打好兩國深厚的外交關係與友誼的。接着是代表團團長報告我們代表團參加這次世界詩人大會先後的經過情形。然後是在文學與藝術上均有涵養的孔秋泉參事，對我國代表團出席這次世界詩人大會提出許多有關的寶貴意見，做為我們參加下屆會議的參考，的確，我們這次到韓國來，事先煩勞孔參事的地方很多。

茶會結束，接着是由華僑界，在中國餐館設宴款待我們，這頓飯是大家在韓國感到最舒服的一餐，除了盤中的菜是中國口味，還有席上僑界人士的人情味，也是中國的。

四、慶州途中

提高我出席這次世界詩人大會興趣的原因之一，是大會安排有招待代表們在會後旅遊慶州風景名勝的節目，因爲我上次訪韓，只參觀了韓國民俗村與板門店三八度線，沒有時間去看慶州，加上蓉子把他十多年前參加三位女作家代表團訪韓，遊慶州的印象，說得那麼動人，其景色也有很多地方與中國大陸相似，因此，使我內心更加嚮往，而也自然成爲我赴韓開會之外的一個願望。

坐上冷氣車，從漢城出發，抵達慶州，需要五個多小時的車程，眞是夠你慢慢去看與慢慢去想的。車子緩緩地進入高速公路，回首，又可再次看到如浮雕般昇起的漢城市，前方兩側又可再次看到色彩鮮明如畫的鄉村田野，內心的讚美，隨着車窗外的風景起伏。

也許漢城的百貨公司與餐館，均比不上臺北繁榮豪華與熱鬧，他們鄉下的百姓，也比不上我們的生活好。但從觀光的角度看，情形却不同了。像臺北市水源路堤防與淡水河兩岸的破落髒亂現象，以及城內參有非常失調的矮小破舊房子，損壞整體美的情形，漢城幾乎是看不到的。就是在漢城內正在興建中的大樓，也採用美觀的塑膠帆布遮蔽，有意維持都市的空間美。相對之下，臺北市的市容，確是不夠美的，比起漢城自然要遜色了。至於鄉下民舍，據說是由於韓國政府有計畫的輔導，故大多較我們鄉下的民舍悅目美觀，這難免使觀光客產生錯覺，認爲我們的百姓較他們貧窮與生活苦。的確韓國已不但像我國急急在謀求國家與國民在實質上的富强與富足；更較我們普遍地注意到整個國家社會與國民生活的美感環境，以期獲得國際間良好的觀感。這也正是他們高明的地方；他們懂得把『包裝學』的觀念，運用到對整個國家的形態，予以美化與裝潢。當然他們除了講求外觀美，同時更重視實事求是，並具有新的觀念與構想，充分表現出他們沉着認眞不苟的辦事精神。在此舉一兩個小小的例子，有一次我們參觀回來，剛進旅館的大門，他們就安排有學生組成的樂隊，奏樂歡迎我們；又我們無論乘大會專車往那裏參觀，均派有警車在前面開道，這種種，能不使來自各國的代表們因受到特別的尊重而感奮，留下好的印象？這不就是表現出他們舉辦這次詩人大會，所從事的國民外交，較其他各國所做的，更別具慧心與在小處也加以設想嗎？

我一直在想，韓國人的生存信念，能如此的堅實與沉毅，應是有理由的，因爲他們能確實的尊重文藝與固有的文化，又擁有大陸性壯麗的大自然風光，以及每年要渡過一次嚴冷的冬天，這種種導致其國民心態傾向於沉着穩定與進取的狀態，而有效地抑制西方現代文明所帶來的浮動，輕佻與虛幻，是可見的。韓國人好像已能兼顧到對都市開發與對大自然關注的兩種生存境況；知道排氣管的濃煙往那裏吹，廟裏的香煙往那裏飄；城裏的建築物，坐在急速的馬達上，向那裏跑，廟裏的佛像，坐在冷靜的泉水上，往那裏想。所以韓國人一方面以一幢一幢三十層的巨廈，高擧現代文明的輝煌面；一方面又讓民俗村、廟宇名勝古蹟以及美如畫面的鄉村與大自然的風光，升揚起東方傳統精神的光榮背景。

記得在那天特別精彩的表演晚會上，韓國仕女們穿着韓國的古裝，表演着鼓舞、扇舞與宮廷舞，那些在本質上緊緊抓住韓國本土以及東方韻味與傳統古典情調的舞姿與樂音，是那麼的幽美雅逸與溢滿仙氣，看來較西方的芭蕾舞與音樂，是更令人沉迷了，難怪在場的外國詩人幾乎都忘形的站起來鼓掌與歡呼，的確是美妙無比，我的雙掌也鼓得較酒與燈光還紅。這不但是韓國人的光榮，更是東方傳統藝術文化的光榮，同時也使韓國主辦這次大會，在那晚放出迷人與難忘的光彩，給予來自世界各國的詩人，在面對「東西方詩的探討」這一主題時，找到了一個有效的旁證，那就是東方詩與藝術的情思活動與美感心態，均是源自天人合一（就「一元性」）的自然觀，而顯示出和諧、內歛典雅與幽美的精神狀態；同其活動在偏於西方二元性的現代生存處境中的美感經驗與藝術心態，是顯然不同的。因爲在二元性的生存情境中，人必須不斷與自然處在相對視的位置，向存在的世界挑戰，不斷向下一秒鐘要求進展與改變，因而使內心相連陷入掙扎、緊張、矛盾、焦灼、不安甚至空漠與動亂的情況。而大多數現代人，又好像必須宿命性地面對這一難局，且不斷在疲累中，接受那快速發展中的現代文明，而且全心全力以赴。於是一種失去靜觀與靈思，只憑感官對現代處境所產生的美感經驗與心靈活動，便形成爲現代都市型的（偏於西方二元性的）藝術生命形態，這現象同樣使詩的意象世界，也非常異於東方自然觀（一元性）的詩的意象世界。

譬如，當我們看到一個少女，穿着很短的迷你裙走來，你如果寫：「它短得像一朵火花，一閃，整條街便燒了起來」，其所使用的意象，很明顯是從現代都市偏於物慾與性慾等强烈的心感活動之背景所產生的，具有挑撥、刺激焦望與不安等現代精神意識；如果意象緣用具有形而上性的幽美的大自然景物：「它短得像鳥的尾巴，像一片春泉……」，則所產生的美感，是典雅且較偏於東方一元性的安然與和諧之態的，而異於前者所揭露的騷動性。

從上面那個實例，我們更可證實現代詩面對「開發中的現代都市」與「永恆穩定的大自然」，這一偏於西方精神一偏於東方精神的美感經驗世界，是無法完全相同，甚至極端不同。可不是嗎？當我們將耳目放在遼闊寧靜安定的大自然中與放在擁擠紛亂劇變的都市裏，所引起內在的視聽經驗，根本是兩回事。因此，當我們從隱居到鄉下的當代名畫家莊喆的畫面上，可看到他是如何地透過現代人的視境，抱着大自然的山水，一同隱逸到那經由他內心轉化過後的更爲和諧平靜與無限的大自然之中，而臻至王維「山色有無中」與陶淵明「悠然見南山」的渾和境界；而相反的，我們在極具現代感與前衞性的畫家楊熾宏的畫面上，所看到的却是不斷地逼近現代人視覺活動的現場，去緊緊地抓住都市環境最親切的視覺材料（如膠布、器物的冷漠的形象，支離不完整的人形），然後非常冷靜且深入地表現出現代人在物慾文明中焦灼、空漠，與受傷的一面。這兩種極爲不同的繪畫精神與形態，同樣也發生在詩方面，譬如我認識的韓國元老詩人徐庭柱，他是一直嚮往東方大自然的，始終使自己的心與大自然的心結合在一起，永遠對視甚至漠視着現代文明所帶來的不安與動亂，可是我認識的另一位極具潛力的韓國現代詩人洪潤基，他則勇於接受「現代」的挑戰，正面地對現代人的生存處境與內心世界進行探索，而開拓新的美感經驗世界，相當迥異於詩人徐庭柱所追求的境界。所以當我問起他對詩人徐庭柱的觀感如何時，他雖然在話中也表示相當的尊敬，但他仍堅信與認定自己所面對的創作世界，是大有可爲的。

上述的情形，正是顯示出現代與傳統、東方與西方相僵持與各奔前程的局面，在此有人認爲西方文明的入侵對東方文明有損害與壞的影響，現代對傳統有破壞性；也有人認爲接受西方的衝擊，與勇於面對「現代」，更能發展與助長東方詩與藝術的精神境界與潛力。無論如何，這次大會便是針對此，而去探討東西方詩不同的境遇，以及更進一步謀求東西方詩人心象世界的溝通，而減少其彼此間的隔閡性；甚至企望在相互了解與影響的情形下，開拓出詩的更壯闊的創作境域。這在我看來，是頗有可能的事。因爲一，詩人與藝術家是到上帝的眼睛中去工作的，本就具有開放的心靈，期待着整個世界，以不同的「美」的形態投入，絕不認爲把古、今、中、外隔絕起來是對的。二、由於交通的發達，東西方人彼此生活的距離，日漸接近，彼此的心態，自然也由於生活的接近，而有互相影響與溝通的可能，這便無形中導致東西方詩的意象世界，產生交互影響的作用，而呈現新態。當然更主要的一個事實是：一向習慣禪坐與靜觀的東方，已開心地跟着西方現代文明的轉輪在動了，而且動得較歐洲許多落後的國家還活躍。這從臺北、東京與漢城的繁榮面。可看見。同時，在不斷猛進而感到相當困累的西方，也已日漸體認東方大自然，是一張寧靜的安樂椅，且逐漸的靠過來；這從許多賺大錢的西方人，他們急急從城市巨廈搬到安靜的鄉下別墅，以及不少西方人喜歡到東方來旅遊，來學中文、學禪，求安靜，甚至像東方人習慣的住下來，都足以可看出東西方人內在的生命與心態活動已有交往與換位的現象。因而作爲一個東方詩人，在詩的意象世界中，便自然可體會（甚至寫出）『從煉鋼廠熔爐猛烈的火光中，飛出一隻七四七的機器鳥』這句詩，所暗示出的西方現代文明的景觀；同樣，做爲一個西方詩人，也不難體會（甚至也寫出）『從深山冷澈的泉聲中，飄出一朵雲』這句詩所表現出東方人自然觀的生命境界。如此看來，在現代交通網不斷交織着東西方人的心網之際，詩人已被推入東西方詩意象世界相對照與互相影響的情境中，去面對創作，這是無法抗拒的事。這次世界詩人大會便是企望在這方面。去獲得較充份與理想的答案。

而我一直覺得更嚴肅的問題，是在現代機械文明過份發達而人被物化的狀態下，靈性與想像力的枯萎，將導致詩的死亡。我曾因此在論文中一再作嚴酷的批判：「如果詩與藝術死了，我們的內心世界成爲一座陰暗的地下室；而物質文明的力量，至多只能把我們原始在荒野吃飯與睡覺的地方，往希爾頓的套房與餐廳裏搬，我們到最後，仍是一隻文明的人獸」。這些話，同德國詩人在這次大會上，宣讀論文所說的那句引起各國詩人鼓掌的話，多少是有些關聯的，他說：「現代人像是一隻獵狗，追趕着一隻電動的兎子」。現代人的確是去追那隻不具有跳動心靈的兎子，而且是要詩人的靈視，在內心深遠與永恆的境界中，方能體會得到的。當大多數人，與詩遠離，被關在都市吃喝玩樂的感官世界裏，那確是全人類在共同存在的社會中，感到卑微與不面子的事，詩在此刻，便更是人類精神在現代時空壓抑下的一股莊嚴且强大的昇力。

想到這，總算有點悟了，便從一連串的問題中，鬆了一口氣走出來，走進四面八方的風景中去。放目而望，景色流來有聲，慶州啊！你爲何不在我內心的呼喚中，叫成我故鄉的「瓊州」呢，一種來自中國大陸性的異樣的遼闊感，是我三十多年感覺不到的。若急馳的車輪，奔在韓國的土地上，已驚動了大陸舊土的樹林與田野，則從我國來的老詩人他們望入遠方的凝目中，便可看到那濃重的鄉愁，湧自煙雲的深處，而更深的是記憶，是眷念，是看不見底的安靜的大自然。

車拉着河跑，目與風景同行，視線放遠了雲與鳥，最後把山與山上的廟一起拉近我們駐足的慶州旅館，卸下行李，乘上原車到山麓，我們一百多位代表，便入山尋幽，順序去看建了數百年的古廟，造訪那埋着帝王與帝王寶物的古墓，參觀陳列着韓國歷史文物與古蹟的博物館。

沿着山路走，「而無車馬喧」，會不會跑出一個陶淵明來；「千山鳥飛絕，萬徑人蹤滅」，會不會跑出一個柳宗元來。吸一口山風，飲一口山泉，山是自己涼的，不需裝冷氣與加冰；看滿目樹色花彩，景象是自己美的，不必去畫；聽滿耳聲籟，音樂也是自己譜曲，自己唱的；踩一路寂靜，登上百層石級，我們被驚住在宏偉與碩大的廟門前，那究竟是天門，抑是通往大自然玄奧之境的出口呢？一步進去，脚像踏在雲上，一股仙氣飄來，衆神在寬敞的殿堂裏睜目，無數圓大莊穆的紅柱，伸出神的巨臂，托住靜謐的天宇，托住神秘的東方，托住古老的傳說與歷史，還有什麼不爲之跪拜。廟前一座座矗立的塔形香爐，焚着太陽星月與風雪，照明着時空，散發出永恆的香息；朝聖與膜拜的心，若在空靈中玄昇，脚步一放輕，人與廟、廟與山必浮世而去，進入冥冥的大自然之中，棄擾攘紛紜的都市於千里之外。

在坐車返旅館的歸程上，我一直在想，被廟宇、古蹟、歷史博物館與大自然景物籠罩住的慶州，它不但是我們詩人代表在韓最後與最難忘的一個旅途終站，也是「大自然」與「現代都市」的一個離合點──它究竟是留在衆樹環抱的山裏，坐着雲逍遙自在的飄游？還是與我們一同坐車進城，去看造船廠、摩天樓以及心與齒輪賽跑的急態呢？或者兩邊均兼顧，並溝通與拉近兩邊的距離，處於和諧與平衡的狀態之中，展開出新的生命情境，使東方與西方、現代感與自然觀，於並存中獲得交融與樂觀的展望。的確它所做的選擇，也正是現代人尤其是現代詩人與藝術家面對存在所做的選擇，與所產生的心態；同時也可說是這次世界詩人大會，在探討現代詩的東西方精神與現代詩人的使命感等問題時的一個至爲眞實的影射與明顯的印證。

中華民國六十八年八月

香江十日記

——赴港大演講

這次應邀赴香港大學演講，是港大黃德偉博士的熱心安排，由於赴港須由香港政府簽證，故遲到四月四日才成行，前後躭誤近三個星期。

登上華航八一九次班機，心情難免感到一些欣快，因爲這是我首次赴港，也是第一次到國外演講。過去到菲律賓、美國與韓國去開世界詩人會議，都是一大羣人去的，這次單獨行動，當然要自由自在得多了。

當飛機飛在海上兩萬呎的高空，上面也藍、下面也藍，眞是到處都是天，再也看不見耕作機與田地產，舉重機與房地產；就是雲也怕被錯看成炮管冒出的煙，全躲了起來。世界空幻得就像夢幻的樣子。除了飛機一路說着宇宙也聽不懂的夢話，我在不知不覺中，已陷入詩的聯想……。

較從臺北到新竹還快，機輪已滾在啓德機場的跑道上，從機窗我看見停在海灣裏一隻隻的大輪船與渡輪，那一排排經過規劃的高聳的建築物，整齊而且具有雕塑的造型美，使我從外觀上，已覺得香港是一個相當有風格與迷妳的都市。

下機，我高興的從檢查室，一關關的走出來，左看右看，看不見來接我的黃德偉教授，我正在有點着急時，一束花忽然送到我胸前，我不認識她是誰，原來是德偉教授開我的玩笑，叫一位姓李的記者，先出現，他躲在人羣中，令我驚而後喜。

坐上德偉教授的私用車，我們朝港大宿舍開，車上李小姐用廣東話問我來港演講的一些事情，並說早就看過我選在「十大詩人選集」中的作品。當車經過海底隧道，我們雖不是「背海」的人，也是頂海的人了，面對這項雄偉的工程，任誰都會從心裏表以驚讚的。

沿着彎曲的山坡路入城，路雖只有兩線道，但交通却不擁擠，秩序也良好，這一方面是由於開車者守法；另一方面因沒有臺北市橫衝直撞的摩托車。途中我一邊看海，一邊看一幢幢四、五十層細瘦得好驚人的高樓，如果是在臺北，眞不知有幾個人敢住，但由於香港沒有地震，建築又特別合規格，也少有偸工減料現象，故到處都是這類細瘦而高的樓房，這也是因香港地方小，必須向高空發展的緣故了。

車駕抵港大宿舍，當我步進德偉兄有客房，設備齊全、寬暢又舒適美觀的屋內，便已直覺到住在此，較住在任何大旅館，都要舒服與方便。

晚間德偉兄帶我到「港景大厦」十樓，參加他臺大幾位同學的晚宴，大家盡興的喝酒、話舊，提起讀書時代，原來德偉兄在臺大還是名居第一畢業的；是一位高材生，書讀得很好，難怪港大曾特別贊助他往英國去當客座。表面看來，他很幽默，愛開輕鬆的玩笑；但他却是一個對學術非常嚴肅、有原則、尊重有創作力與才華的學人。同時在學生時代，也是一位現代詩人，出版過詩集，直至現在，他仍關心中國現代詩乃至整個現代文學的發展。他們同學當中，有人在金融界工作，有一位同學嫁給一位美國海軍武官，今晚就是她作東，請大家在她月租三千美金的「海景大廈」裏歡聚的。面對着海港裏閃爍與亮麗的無數燈火，大家拿着酒走向露臺，德偉教授拍攝的快鏡頭，已將我收留在香港一九八四年四月四日絢爛的夜景裏。

從「海景大廈」回到港大宿舍，已是深夜。第二天一覺醒來，是五號早上九點鐘，德偉兄已將加糖的上等紅茶，替我準備好，他自己坐在書桌前，一方面將工作計畫輸入電腦；一方面找出儲備在電腦裏的學術論文與有關資料，我邊喝紅茶，邊看他工作嚴肅的神態，順手翻閱他以英文完成的好幾本論文著作，再看看他擬定要撰寫的書之目錄，以及環視四周擺滿在書架上的書，我對他做爲一個學者，是內心充滿着敬意的。

上午德偉教授有課，我們一同驅車到港大校區，學校的建築物，仍相當的傳統與古典，有學府的端穆與威嚴感。走進德偉教授的研究室，我坐下來，他匆忙上課去，滿屋的參考書，除大部分是英文版，也有中文部分。由於他關心現代詩與現代文學的發展，難免會有一些是大陸作家出版的書。德偉教授早就對我說過，大陸的詩，要追上臺灣的詩，尚有一段很長的距離。我好奇順手翻閱了一下，的確，許多詩仍停留在三、四十年代的階段，有些最多也只能達到我們臺灣詩壇五十年代的水準。從詩的語言上來看，他們仍覺察不到「詩是語言的藝術」；從詩的境界來看，他們幾乎仍停留在「獨釣寒江魚」的平面狀態中，而到不了「獨釣寒江雪」的深一層的精神境域。他們對詩所採取的批評角度，也幾乎是着重於單向性的「現實功能」觀點，而將詩屈居於狹窄的現實，爲現實所役用，使詩失去它特有的超越現實的無限性。因而純詩與表現物態美如：「白鳥悠悠下」的詩，都受到排拒。這是不明智的作法，也有損詩的本意。

德偉教授下完課，我們便一同到港大教授餐廳用午餐，餐廳相當雅靜，大多是外國籍教授在用餐，我們這一桌，除德偉教授與一位我不認識的經濟系的教授，後來接着坐過來的，是也在港大任教的詩人鍾玲女士與詩人陳國彬先生。大家無意中碰在一起，實在高興。吃完飯，又叫咖啡，這裏喝咖啡，一杯只二塊錢港幣，等於臺幣十元，較外邊便宜三倍。邊喝邊聊，鍾玲把請我明天吃飯的時間決定之後，便先行離去，離去前說要我在港大學行的那場公開演講之後，找個時間，到她班上談談現代詩；詩風社詩人黃國彬，除今天碰在一起，請這頓午餐之外，也非常客氣的要選一天，約詩風社在港的幾位同人，請我吃晚飯聊聊詩。一切都開始逐步有了安排，這均由德偉兄去視情形調度與進行，因爲我留港的十天裏，演講、朋友請吃飯與遊港，全是他一手策劃的，我便依照他的吩咐行事，幾乎是全跟着他跑，他却一直幽默的對朋友們說，他是我的隨從攝影記者。

今晚是公教報編輯李黛玲小姐請我吃飯，晚飯前因德偉兄有事，不能陪我，便請李小姐提前帶我到一家豪華餐廳的咖啡室去談談詩與藝術，原來李小姐也是一位相當嚮往詩與藝術的文藝工作者，寫得一手好散文，還是港大課外活動文藝組的負責人，在交談相當融洽時，她忽然透露她已同德偉教授商妥，要我到她主持的校外文藝組，講一次現代詩。我見她那麼誠懇，而且又商得德偉教授的同意，加上我本來就非常高興與同愛好文藝的青年朋友們談詩與藝術，自然就滿口的答應她。

整個下午都是談詩、藝術與人生，也從李小姐的談話中，了解生存在現實沖激非常大的香港，人們對文藝的關心，是比臺灣差得很多，目前對政治比較敏感，讀書風氣也不如從前，談到她個人，她很高興她目前所從事的這份文藝工作，她覺得沒有文藝，人的精神與心靈會更趨空虛。正談得開心，她看錶已是晚飯的時候了，便離桌付帳，與我一同走出去，坐上計程車，開往鬧區一家非常道地的廣東餐館，她叫了不少菜，用完餐，又親自送我回港大宿舍，她親切與熱誠的招待，使我回到臺北，仍一直在心裏表以感謝。

那晚我睡得很好，一早起來，德偉兄照樣將我愛喝的紅茶泡好，並把我今後每天要做的，詳細的記下來，講述一遍給我聽。大致上，除了在港大校內、校外與鍾玲班上共有三次講現代詩外；尚有一次是在中大文藝班上，同詩人光中與黃維樑教授談現代詩；至於在港的文藝界朋友，我認識的，德偉教授均大多聯絡上，而且都分別定下請我吃飯與見面的時間。每天順次跟着德偉兄與他的私用車，一直跑下去，直至他的車子沿着來時路，又將我送往機場，飛回臺北。

四月六日

這是我來港的第三天，一早起來，感到欣慰的事，是德偉教授除了對我創作三十年的心路歷程與作品，有所賞識與厚愛，安排我到港大來演講外，更以他在港大的威望，取得校方同意。將中國當代活着的詩人，在港大圖書館設立詩人資料研究專櫃，並推介第一個做我的專櫃，這份榮幸，除了感到欣慰，更謝謝他的這份盛意。

上午九時正，我將個人的詩集、詩選集、論文選集，以及同詩有關的其他藝術活動的文稿資料與詩的活動，個人的生活照片……等整理好，搬上車，德偉教授便陪我去拜會港大圖書館黎樹添主任。黎主任非常客氣，將我送去的全部資料收下，希望我有新資料時，絡續寄來，他認爲德偉教授的此項構想，很有價値與意義。然後請我們到教授餐室去喝咖啡，聊目前現代詩的趨勢以及臺灣詩壇與藝術活動蓬勃的情形。正談得非常的愉快，又看到昨天德偉教授介紹我認識的一位在歷史系任教的趙教授，他曾到臺北故宮演講，黎主任因有事要離去，於是趙教授坐下來接着與我又聊了一會。我本來這次來港，除了談現代詩，便是來看看香江「迷妳」的風光。在政治複雜而敏感的香港，我避免同任何人談政治性的問題；而且我本身是詩人，我主要是來談詩。當趙教授問我，你們做爲一個中國詩人，處在目前的環境中，該持有怎麼樣的看法與信念？我便回答他「我認爲一個中國詩人，只要眞正的愛國，有良知良能；認明所有的極權制度，均是殺害創作自由與人性的；同時認明詩與藝術是不斷解決人們精神與心靈生活的主要力量，並能使生命獲得轉化昇華而臻至完美的境界；最後更確信，世界上最美的人羣、社會與國家，在最後必定是由詩與藝術造的，而絕非由機器與玻璃大厦造的。能持這樣的觀念與理想來看一切，來做爲一個詩人的生存意念，我想它雖不是絕對；也是相當的對了」。趙教授聽後，都大多同意我的看法，這一點從他後來的談話中，更可得到證實。當我說，我年輕時，樂聖貝多芬的音樂，把世界上兩樣最貴重的禮物『美』與『力量』，不斷送入我穿越時空的心靈，使我深深地感知詩是一切存在的核心，甚至是神與上帝之目；趙教授聽了也高興的說，在沉靜的「歷史」狀態中，他也一直喜愛聽貝多芬的音樂；他這種具超越性的自由心境，都已無形中成爲我詩的意念世界中的芳鄰了。其實對永恒的生命與時空，予以內心深入的沉思默想，已是所有從事精神作業者的基本工作。

因德偉兄的車子，今天要趕着辦理換證，我與趙教授不能長談，只好告別，陪同德偉兄坐上我第一次坐的雙層巴士，去辦理換證手續，這是我闖香港馬路與紅燈最多的一天，由於德偉教授沒有開車，天又下着雨，只好低着頭走，看不見高聳的建築物，只看到那被雨水淋濕的市街，滿目都是中文招牌與一羣羣中國人的臉孔，一不經心，眞像是走在臺北的街道上。

辦妥換照手續，已近黃昏，今晚是由一位總編輯鄭實璇女士請我們在一家廣東飯店吃飯。據德偉教授說鄭任總編輯的那家出版社，相當的有規模，出版不少好書，是一位非常能幹有構想與見識而善於談吐的編輯，她在出版社裏，還策劃編一本文藝性的刊物，我答應回到臺北，將寄一首詩給她。

由於在晚飯前，我們在一家咖啡屋已談了兩個多小時；九點鐘還要趕去看一場是德偉教授朋友請看的外國電影，於是我們順路送鄭女士回家，然後到九龍一家電影院去看電影，這也是我第一次在香港看的電影，來回都乘地下鐵，看來香港的地下鐵，較漢城與東京，無論環境的美觀、乾淨與結構的強固，都要好。

回到港大宿舍，又是深夜了，抱着充實而愉快的四月六日入睡，醒來，已是四月七日新的一天。

四月七日

上午九時，德偉兄與我在港大餐室用完早點，便走到港大可環視香港市景的樓頂露臺，為我拍攝一些紀念照片，然後驅車往淺水灣去遊覽海邊風景與附近的山。在海邊，我們可看見對岸一大片潔白雄偉的高樓大廈，像聳立在海上的浮雕，這種景觀，在基隆港是從那裏看也看不到的。這一景，已非常的奪目與迷人；步上少有遊客登臨的寂然的山丘，因周圍散發有薄薄的海霧，香港便隱入那淡淡的朦朧與迷幻之中；而更看不清的，是九龍黯然神傷的邊境，要是看不清還要去想，則眼前的世界，便會像海霧般的飄忽與不可捉摸了。眞是高處不勝寒，連茫茫的時空，也怕冷，我們還是依原路早點下山，入城，到一家有熱茶的廣東館坐下，叫一盤我在香港一直想吃的烤乳豬與一碗鮑魚粥；其餘的，由德偉兄來點，飯後再來一碗道地的杏仁茶，全是廣東味，包括整個飯店裏客人說的話，這頓飯是特別的選吃，頗不經濟。

吃全中飯，已是下午一點多鐘，德偉兄把幾天照的底片拿去沖洗，然後我們坐車回港大宿舍休息。便順便整理我九日六時至八時，與八時一刻到九時半，在港大校內與校外兩場談現代詩的講稿，以便屆時影印發給聽講者。

晚上是港大鍾玲教授請吃飯，我們五時三十分，在港大宿舍等候她駕車來接我們到香港碼頭，然後換乘渡輪到九龍一家蘇杭餐館。

在渡輪上，回頭看香港，頗有點像在紐約港渡輪上，回頭看紐約，當渡輪緩緩運着海港裏綺麗的燈光船影，在陣陣的海風中前進，一切都開始有情調與美了起來，德偉兄禁不住拿起相機，將我與鍾玲拍攝在可與船外夜景連在一起的港口裏。

船靠岸，踩在九龍碼頭，另一塊歷史背景不同的土地，高大的建築物，並不輸於對岸的香港，也是人潮人海的，我們走進預定的餐館，詩人戴天已先到，這是我第一次與他見面，但握手與說起話來，好像是多年的老朋友一樣，他是十足的性情中人。

我們坐下來，余光中夫婦也到，鍾女士實在太過於客氣，點了許多美味好菜，大家邊聊邊用餐，盡興的吃，最後還是剩下不少，只好帶兩大包回去。吃完飯，喝完酒，就是話還沒有說完，於是戴天又請我們到半島咖啡廳，去喝咖啡，繼續聊天。據說這是香港九龍最大最有氣魄與最高雅的一家咖啡廳，說得一點也不錯，非但空間環境第一流，內部設備用具與作業狀況也是第一流。我們喝咖啡，又喝酒，這樣下來，戴天花的鈔票，幾乎要等於請一頓飯了。談得正開懷，前「劇場」主編邱剛健也過來打招呼，坐下聊了一會。看來邱剛健是有點轉變了，生存是冷酷的，他過去對藝術專一執着的嚴肅態度，好像無法完全堅持下去了，總有些地方，要遷就目前商業化的電影需求，但願這是他的過渡時期。其實大多數藝術工作者，都面臨這一低潮期。只有不靠稿酬吃飯的詩人，可能情況較好些。

總是在談與正濃時，德偉兄便拿起照相機來爲我拍下一些值得紀念的情景，直談到店快要打烊，我們才離去。詩人戴天離去前說，明天上午再聯絡，看在中午或晚上請我吃飯，眞是一連串的飯局，無形中也使我這次來港充滿了人情味。

回到港大宿舍，已是零時，懷着白天的遊興與晚上的談興，以及朋友的溫情，我睡得很好，很甜。

四月八日

早上起來，相連有好幾個電話，一個是港大比較文學系鄭樹森教授打來，由德偉兄接聽，定十一日晚，請我到九龍吃飯，另一個是詩人戴天打來，是我接的，他說詩人馬朗也知道我來了，今晚一同請我吃飯。過了一會，馬朗也打電話來，說詩人張默參加旅行團今天抵港，他擬與戴天今晚請我與張默在九龍美麗宮吃飯，這樣集中在一起，人多也熱鬧些，我在電話中說這樣很好，但我一直想不起他的樣子，他却堅稱在臺北一起吃過兩次飯，認識我與蓉子，我實在太健忘了，見了面再道歉吧！

爲了使我這次玩的痛快，德偉兄上午八時半，同我在港大教授餐室用完早餐，便駕車載我直往太平山頂最高的地方開，站在山頂上，可看見香港的全景，以及我們住的港大宿舍，整個視野，隨着海流動，隨着山延展，一種讚美聲，來自內心的默呼。香港雖抱住都市的繁榮，但並沒有太過髒污大自然的地方。因此當你穿了一整天的白襯衣，領子還是相當的乾淨。

的確，此刻我們站在山頂上，用不著想起尼采與老莊，也知道世界是如何超越與逍遙的；而且不必受書本的觀念解說，也可直接在「高山」與「高樓」之間，造起一道美麗而强固的高架橋，使「大自然」與「人爲的自然」，能彼此親和的交往，使「鳥」與「飛機」在空中碰面，也彼此相認識與打招呼。

正當我又想得入神時，德偉兄的照相機又卡嚓的一聲，看看錶，已過了中午，我們便只好下山入城，到一家餐館去吃中飯。

下午德偉兄請我連續看了兩場粵語電影，第一場純是娛樂片，近乎有點胡鬧，水準不高；第二場是「停不了的愛」，這部愛慾衝擊力相當强的愛情片，目前在香港極得報紙與論界的佳評，我們看過後，覺得它雖較臺灣國語片，在攝影上，敢於面對劇情，採取較暴露的鏡頭；但比其前次我們看的外國片，則無論演技與劇情發展以及場景，都不知要薄弱多少。

看完兩場電影，已是六時半，我們趕赴詩人馬朗與戴天六時半的餐宴，是必定遲到了，因爲還要坐渡輪到九龍，德偉兄便先打電話請美麗宮餐廳服務臺通知主人，說我們七時前可趕到。

由於途上躭誤，我們過了七時才到，一再向主人說對不住，除了馬朗夫婦與戴天先到，我們剛坐下，蔣芸女士也到了，只是看不見詩人張默與小說家王怡，也許他們倆，是因爲還沒有到港，或者下機後更換了住的旅館，一直沒有連絡上。直等到七時三刻，還沒有消息，主人才開始叫大家入席，其實這頓飯在香港也並不算晚，隔壁房間的客人，仍空着肚子搓麻將呢？

菜不停的上來，詩人馬朗說，他請客一直選這家菜館，因爲這一家是港九第一流的粵菜館。我們面對美酒、好菜、話舊，談有關文藝的問題。詩人馬朗與戴天，都寫得一手好詩，極富現代感也相當的深刻。而蔣芸女士，仍是那麼的有氣質與擁有優美的風度。記得前幾年，同她一起參加臺港作家訪問團訪問金門，她就給大家留下「美」的印象。大概由於她的才情與生命內涵力，加上她工作的環境，使她一直同含有文藝性與美感的事情不斷接觸，而把這種美好的感覺一直保持下來。

吃完飯，戴天與馬朗搶著付賬。大家尚有談勁，便一大夥人往九龍靠海最有名的一家咖啡廳去喝咖啡。戴天興緻來，便撥電話給明報編輯蔡炎培，他也從香港趕來。他到時，我一直想從記憶中認出他來，但他握住我的手說：「羅門，你好，十多年不見了」，我還是記不起來。只知有蔡炎培這個名字，是很早就寫詩的詩人。直至他說他十多年前特地到我住在安東街的「燈屋」來看我，當時是詩人張健爲他開的門，我還是隔在霧般迷朦的記憶中，產生好遙遠與悵然的感覺。他談起話來，神采飛揚，有點像詩人紀弦，强烈的主觀意識，堅持『只有擁有愛情的心，才能寫詩』的絕對觀點，在旁一向灑脫任放的詩人戴天，在此刻也跟不上他浪漫式的語言節奏了。同他交談，在這樣富於現代感的咖啡廳裏，一陣陣的話音，反射在廳內那一大片可透視滿海燈火的玻璃牆上，夜的畫面便更美且帶詩意了。這種經驗，在臺北是享受不到的，德偉兄早已將它留在照相機裏，讓我與記憶一同帶回臺北去。

談到快要打烊的時候，蔣芸女士一手抓住買單板，要付賬，服務生指著詩人戴天說「他已付了」。眞是付賬也採取詩的「超現實」手法。

大家非常高興的離去，這可說是一個令人難忘的詩的夜聚。回到港大宿舍，夜已很深，但仍接到兩個電話，一個是詩人余光中打來，說明天早上九時他們夫婦要開車來接我去遊山，中午在山上同進午餐；一個是多年不見的畫家劉國松，也要請我吃飯，但德偉兄說每天的時間都幾乎已排滿了，只能排在我十三日下午四時離開香港前的中午，國松還是決定要請，我也只好決定去吃了。因爲劉國松與莊喆這兩位五月畫會的大將，都是我二十年以上的老朋友，我們都是一同爲中國現代藝術堅苦奮鬥了二十多年的老伙伴，還有什麼需要客氣的呢？於是我一面想着過去，一面帶着愉快的心情倒在床上呼呼睡去。

四月九日

德偉教授早上八時半到港大去上課，余光中夫婦九時左右駛車來接我去遊山。光中是詩人開車，我還敢坐，如果是喝酒的紀弦，我就不一定敢坐了，想不到光中也開得相當有把握的快車，不到一小時，我們已到了山上，凡是有山有海，風景美的地方，光中都將車停下來，讓我看個夠，然後把車開到瞭望臺，上面開設有高雅的自助餐廳，因已接近午餐時間，我們便乘電梯上去，找到視野較開闊可流覽風景的好位置坐下，一方面用餐，一方面往窗外看，當我與詩人光中把啤酒杯擧起，互飲一大口時，窗外兩邊的山，已飄昇在一陣陣的海霧中，世界靜靜的朝高處看，下面是一片低窪地，在山脚蠕動……所有的景象此刻進入感覺，都已轉化爲感悟，難怪「南山」始終較所有的「建築」都要高；字典也因此才有所謂「高超」「超越」與「昇華」等這些字眼……。

當吃的、看的、想的，都滲有一些詩意與酒意，這頓自助餐每人要付將近一百元港幣（五百元臺幣），那除了營利費、小費，必定尙包括了這裏的「風景費」與詩人的「聯想費」。光中夫婦付過錢，我們離桌，一同下電梯，坐上車，急急趕回港大宿舍，已是下午三點多鐘。因爲晚上排有兩場演講，我必須稍爲休息與準備一下，同他們說聲謝謝與再見，便目送他們離去。

晚上，德偉教授同我在港大用完餐，六時正，便陪同我走進演講廳，看到那許多坐在臺下的同學們，個個露出熱愛詩與文藝的歡快可愛的神情，實在令人感動。經德偉教授略作介紹，我便開始講。講題是「詩創作世界的五大支柱（兼談都市詩的語言環境）」。

剛剛開始講，想不到鍾玲與黃國彬兩位教授也坐進來聽，給我又多了一種心理負擔。本來在臺灣國內演講，大學生已相當能接受現代詩，也比較能聽懂我的廣東國語，我可以盡量用詩與想像的語言，以及「靈感型」的演講型態，發揮我個人演講的特色與效果。但在講粵語與現代詩不太風行的港大，確給我帶來兩種心理上的負擔。當然我還是要儘量的去克服。譬如將準備好的講稿大綱，發給同學。至於比較屬於理論觀念性的重要部份，便特別照講稿扼要的讀一遍，需要舉例的詩句，也影印給同學，並且儘可能的講慢一點，這樣兩個小時下來，總算把臺灣現代詩的一些種子播進了港大。

演講完，在掌聲中，由學生代表向我贈送一面紀念旗做爲港大首次請臺灣詩人專程來講現代詩的紀念。我接過這面敬旗，內心除了感到那份榮幸，更對德偉教授表以謝意，因爲這次來港演講，他不但極力的推介，而且發給同學們的講稿，逢工作人員下班時，都是由他親自幫忙印的。

由於八時十五分，還有一場講演，我向同學們說再見；同鍾玲與國彬兩位教授握別，說謝謝，便匆匆坐上車，同德偉教授駕往港大校外文藝活動中心。

步入教室，文藝班負責人李黛玲小姐便介紹我與德偉教授給數十位愛好文藝的男女青年們認識。接著由我開始漫談現代詩與藝術，情形頗有點像臺灣「文藝營」詩方面的講座，同學們隨時可提出問題發問，爲了獲得效果與生動，我也舉出詩的例子與最後朗誦一些詩給他們聽，他們當中也有同學出版過詩集，贈送給我，要我給他意見，整個經過的情形相當融洽而有氣氛。講完，我在同學們的掌聲中，說聲謝謝，便同德偉教授與李黛玲小姐離去，到一家餐館去吃宵夜。

吃完宵夜，回到港大宿舍，已經很晚了，但我經過兩場演講過後，仍不覺得有什麼累，也許是在東海大學文藝班上授課訓練出來的，在東海我經常連續在班上講三節課，中間不停；尤其是到香港來講，也多少有點新鮮感，於是，今夜，我反而睡得比較晚。

四月十日

今天我起來較晚，一早，看見德偉兄忙於整理客廳中的環境，好像要迎接什麼貴客。果然不錯，他終於透露出來了，是一位漂亮小姐，中午要請我們出去吃飯，她就是過去在香港演童星出名的馮寶寶。她今天的打扮，一進門，令人確感到相當的奇異，但却也帶有一些藝術的設計意味；人也相當的純朗、活潑與可愛。她開的是一部紅色的小轎車，今天中午是請我們到一家社交聯誼性的高雅的餐廳去吃廣東點心與粵菜。在邊吃邊聊之間，才知道她也是一位相當有意念與理想的女演員，難怪德偉教授於課餘也願意在電影這門學問上，給她一些指導；她也口口聲聲說今天請老師與老師朋友吃飯，就是表示對老師的尊敬。她因兩點半，要趕往機場接人，她便順道送我們回港大宿舍，然後駛車離去，留下另一些鮮明的影像。

晚上，是詩風社黃國彬教授與其他兩位編輯同仁請吃飯，因也請有鍾玲教授作陪，我們便都在港大校門口坐上德偉教授的車子，一同到一家北方餐館去，進入預訂的房間，詩風社另外的兩位編輯胡寶賢與王偉明已先到，彼此打過招呼，便坐下來，開始擧杯飲酒用餐，從詩風社同仁的話中，可見辦詩刊，在香港是非常堅苦，我原以爲他們的詩社，也像臺灣有不少社友，其實他們只有六、七位同仁，其中有兩、三位經常在國外，香港又不是詩與文藝容易生存的地方，大多數人較在臺灣還要忙碌與現實，所以詩風社能堅持把詩刊辦下去，實在是相當可貴的。據他們說，下一期要出臺灣詩人的專輯，我與蓉子已答應給他們詩稿，以表支持。大家一面喝酒、一面談到有關詩的問題時，都難免有些感慨。譬如今晚一同吃飯的鍾玲教授與德偉教授，均都是星座詩社的同仁。說起星座詩社，的確可把它看成「博士」詩社，因爲他們的九位社員當中就有八位是博士，一位碩士，也許就因爲他們是博士與學者教授，專注於學術，反而在詩創作上，很少人肯全力以赴，而難免有魚與熊掌不可兼得之嘆了。

吃完飯，我們與主人一一道謝，便上車，先送鍾玲教授返寓所，然後開回港大宿舍。

今晚回來較早，於是我與德偉教授便打開電視機，看看香港的電視，這裏電視臺，較臺灣多出一臺，節目播出時間也較長，外國電視影片也比較多……。看到十一點多鐘，有點累，我們便回房各自睡覺。

四月十一日

今天上午十一時，鍾玲教授已說好，要我到她中文系班上去談談有關中國現代詩演進與發展的實況，並剖釋現代詩創作的一些有關問題。這次或許還會有來旁聽的聽衆，於是我十一時前，都在過濾與調整我要講的內容。

十一時，德偉教授陪同我到鍾玲教授班上，由鍾教授做簡短的介紹後，我便依照講稿，順次的講下去。關於現代詩演進的軌跡，我採用我的「詩社面面觀」論文中對現代詩風貌所作的判視與界定，爲談論的參考內容；對於現代詩的創作世界，我除了以「麥堅利堡」與「觀海」兩詩的精神內涵，來加以剖釋，此外尚以近期作品「海邊遊」、「晨起」與「傘」等詩中的某些技巧表現做爲探討。最後再來朗誦「麥堅利堡」，做爲結束。講完，看到同學們都興緻頗高，臉上也露出笑意，一個個都非常可愛，我便很關心的問他們：「你們都聽得懂我的廣東國語嗎？」他們齊聲回答：「聽得懂。」於是，我深深感到，這幾十分鐘，已有了意義。特別向鍾教授謝謝她給我這個機會，讓我在港大有第三次機會同愛好文藝的同學談現代詩。

中午，鍾教授帶我與德偉教授到港大附近的一家蘇杭小館吃飯，仍由鍾教授請客。飯後我們回到港大教授餐室喝咖啡、休息與看報。

晚上，是港大比較文學博士鄭樹森教授在九龍一家粵菜館，請我與德偉教授吃飯，席間還有他的一位朋友作陪。本來還請有明報一位主編，因他老太太撞車來不了。見時候不早，鄭教授便開始點菜，每樣菜都非常道地與精美，也不太貴，難怪這裏要客滿了。

我們邊吃邊談，鄭教授給人的印象，往往會與葉維廉教授連在一起。他們都很冷靜，做學問也很認眞，很嚴肅與下功夫，學術基礎也紮實，而且他們都患有胃病，胃都開過刀，人也都比較瘦，以及對現代詩均有研究。因此，我誠懇的將我近期出版的詩集與論文集以及一些尚未結集的作品，當面送給他，並請他批評指教。他也說了一些對我激勵的話。

鄭教授在中大教完這學期，將返回美國，他覺得中大比較文學這門課，仍應加强。否則，學術的氣氛會不夠。本來他客座一年，就要走，但中大不放人，硬要他幫忙再教一年，可見他教學的認眞與有表現。

吃完晚飯，同鄭教授握別，時候還早，德偉兄便帶我逛九龍的夜市，說到逛「夜市」，與臺北的繁榮區，並沒有太多差別。

回到家，快要十二點，倒在床上，忽然湧上一股特別的思潮。因爲明天晚上，我不再睡在這裏了。這張睡了九天的床，像夜裏的九個終點站，九班回程的列車，都帶着不同的旅途感覺與新的喜悅歸來。但過了明天，這一切都將成爲記憶與懷念了。

四月十二日

一早起來，德偉兄照例爲我泡好加糖的紅茶，我習慣地每天早上打開冰箱，拿出一隻是德偉兄特別爲我買回的一大包雪梨，眞是紅茶甜、梨甜、友情甜，連回憶都甜了。

由於今天我要到沙田余光中教授家去住一天，便將行李都整理好，但仍留放在港大宿舍，明天由德偉兄直接送往機場。我則逕由余教授家裏出發。

十一時，德偉兄，將我送到香港碼頭，由余教授太太來接我去中大，德偉兄因下午有課，便先回去。晚上，再來參加余教授的餐宴。

當我們坐上火車抵達沙田車站，換上計程車，到達中大校區，剛從車門步出，余教授駕來的自用車，也停靠過來。因已近中午，余教授便將我們載往中大教授餐廳去用餐。正好坐在餐桌旁的，有黃維樑、陳之藩、張國雄等教授，經余教授的介紹，大家都好像早就認識似的。

吃完中飯，便到余教授家去，稍微休息一下，因爲下午兩時半，還要到中大文藝班上，去同余教授與黃維樑教授談兩個半小時的現代詩。

當我們兩時半準時抵達文藝班的教室，由余教授略向數十位學生對我做介紹後，便開始談詩，今天談的方式，是由余教授精選出同學們具有水準與代表性的優良作品，由我們依照自己的創作經驗、批評角度與美學觀點去發表意見。這一方式構想非常好，等於是詩的評釋或鑑賞會，較能引起同學興趣。由於余教授與我這許多年來都是創作也兼顧理論的詩人，黃教授也是對現代詩批評工作有研究的學者，所以使整個談論過程，都相當的緊湊、有內容與說服力；尤其是余教授在對詩的語言方面做精確的推敲，給同學們收益實在不少。在兩個多小時中，從同學專心聽講與投入的表情上，可看到這次座談會的效果。當然，也得謝謝黃維樑教授在座談會上特別美言我的拙作「流浪人」。

座談會開完，已過了五時，接著是余教授夫婦在中大餐廳，請我吃晚飯，席間，尚請有德偉、鍾玲、黃維樑等教授與畫家劉國松夫婦，飯後又一同到余教授家中去夜談，直到零時始散。

余太太將我的臥房與洗臉用具都準備好，我說晚安，明天見，便倒在床上，一覺到天亮。

四月十三日

一早起來，最先聽見的是余教授第三位千金送入海港裏去的一陣陣幽美的鋼琴聲，接著是余太太準備早點的杯碟聲音，與露臺上的鳥叫。我們用完早點，余太太帶著照相機，余教授駕著車，我們便一同到對面路途相當遠的長堤，去看山看海。

開了近一小時的車，我們到了長堤的附近，然後停車，步行到堤上。環視四週，兩頭是山，兩邊是水；長堤把水分開成兩個不同的水域，一邊甜，一邊鹹；一邊靜成湖，一邊動成海。余太太握住照相機，以我爲焦點，獨拍時，湖與海便站在長堤的兩旁，望着我；以余教授與我爲焦點合拍時，長堤便把兩頭的山，拉在一道，定定的望著來去的時空與無限的風景。

正當我入迷這裏被「大自然」與「都市」揉合成的美麗景象，余教授忽然想起，踏故宮石級上下班的楚戈，曾來過這裏；張曉風也帶著散文來過。這裏的確是郊遊的好地方。

這裏玩夠了，余教授又帶我到有一百多隻白鷺棲息的淺水灘，去看「百鳥悠悠下」與水波粼粼去。余教授因經不起景色的誘惑，便叫我一同往水邊走，他先撿起石片，來不及的向海面削過去，這是孩童時的玩兒，我也忍不住的向余教授提出挑戰說，我們來比賽，看誰使海跳的次數最多。於是我們選了最薄又重的石片，比賽了三次，但大家最多都只能使石片在海上行走七下，使海跳七下，賽成平手。

笑聲與感奮之後，我望著那些石片沉入大海後的寂然，以及余教授滿頭上的白髮，我忽然發覺剛才在水面上走了六、七下的石片，竟走了幾十年的路，多麼的遙遠！

當余太太指著第一第二座山後邊的第三座山，說那是大陸的山，忽然好一片的朦朧與迷惘，叫這一代中國山水畫家，如何去著墨與落筆呢？叫三級跳的選手，如何去跳第三跳呢？因爲在第三座山，設有用中國同胞血管織編的鐵絲網，以及用槍枝製作的叢林……。

帶著一些難却的時空鄉愁與感念，我們沿來路返回中大宿舍，中午是畫家劉國松請我在他家吃中飯，因爲距離吃飯時間，還有半小時，余太太便帶我到購物中心去買一些帶回去的糖果。余教授知道明天十四日，是我與蓉子的結婚週年紀念，便由余太太買一盒巧克力糖送給我們當禮物。

十二時半，我們到劉國松家。今天正好他太太的姐姐也來港，在厨房幫忙，做了不少拿手菜，這頓飯，偏重吃海鮮，故大魚大蝦與螃蟹都應有盡有，席間，余教授先舉杯，接著大家一起來預祝我與蓉子明天的結婚紀念日。我實在從心裏感激，從不愛喝酒的我，也乾了一杯，眞是酒好、菜好，人情味也濃。

吃完飯，離我下午四時起飛的班機，還有一段時間。於是我們坐下來，聊一下現代的中國繪畫。劉國松的畫風是較以往平淡與簡明些，也許步入中年，人都比較偏向於安然與舒坦。他打開一本很厚的水墨畫冊給我看，因時間有限，我不能與他深談。

我很欣賞他住家的露臺，可放目廣闊的自然風景；尤其是當我看到遠遠裏，有一輛火車在廣九鐵路上緩緩蠕動，向大陸的邊界開，然後去銜接上開往廣州的火車，這種情景，實在帶來時空巨大的沖激，也隱藏與流露著中國人內心難解的鬱結與無數的愁念。

我的錶已指在二時半，便不能不向主人說謝謝與道別了。余教授夫婦駕車送我到機場，德偉兄也準時將我的行李帶到華航櫃臺；辦完手續，我們大家便照相留念，在彼此一一握手說再見時，我感激得眞想風趣的向他們說：『如果我留港的「十天」，新鮮美好與生動得像一條「魚」，則德偉教授便是將它的前中段，製作成「美味的十景魚頭」；而余教授夫婦便是將它的後段製作成美味的划水』。

我進入檢查室，向他們揮別，直至他們轉身離去，我辦完檢查手續，走上飛機，坐下來，仍在心中一直忘不了他們的盛情。尤其是德偉教授這十天來，他把他的房間、汽車、照相機以及所有的時間與精神都幾乎花費在我的身上。余教授是大忙人也抽空開車陪我遊覽了兩次；當然，在我文章中，所提到的任何的一個朋友，都已留下難忘的記憶——在德偉教授相連拍攝的照片中，在我「香江之旅」的行程中，在我誠摯的謝意中。

中華民國七十三年五月

大陸行

此次返鄉探親，原是回去看四十年未見的家鄉與親人，因父親早已過世，總該看到年老的母親。但母親也已過世了二十多年，哥哥弟弟怕我不回去，却一直未提到母親去世的事。我只好回到家，便去跪在母親的墳前，忍痛的說：「母親，您安息吧，此刻所有的槍聲都停止了……」。

即使在家鄉，看到哥哥弟弟生活都過得去，有人當講師、當中學校長、當教員，大多都在教書，全家親人大大小小聚餐時，竟坐了三桌，相當熱鬧與高興；鄉下的兩幢洋房，也已歸還給了我們，一切都應該令大家感到重逢的快樂。但看不到母親，內心總一直蒙上一層痛苦的陰影，感到無比的低沉。

在海南島九天當中，我曾應邀到海南大學、海南師範學院與文聯做了三場詩與藝術的講演，反應相當熱烈，講堂坐滿人，窗外尚站有不少人，院長與系主任也坐在下面聽，場面頗感人。離開海南島的前一天晚上，海南大學校長與院長均到旅館來晤談，流露智識分子與文化人內心中率眞與坦誠的那股情誼，實在令我感動。而且報紙曾兩次在頭版新聞報導有關我的消息，並整版發表我的七首詩與簡介，以及由作家鹿翎寫將近三千字的特別簡介……。

順着這次大陸探親與純文學之旅，我與詩人林燿德，在港大比較文學博士黃德偉教授的構想與安排下，應邀往廣州、上海、北京、厦門（遼寧因時間關係取消）等著名大學、社會科學院、作協、文聯、臺港文學研究所、大學中系文與中文研究所以及中國現代文學館、詩刊編輯部、上海文論等場所，相連進行近三十場包括演講與座談會。

在演講方面，幾乎每場都擠滿聽衆，尤其是在中山大學、復旦大學、華東師大、北京大學、厦門大學，較爲熱烈。至於座談會，則人數有十位到二十位不等，參與者多是大學中文系與中文研究所的教授、社會科學院研究員、臺港文學研究員以及知名作家、評論家、主編、出版界人士等。

一路上，我們雖不能說相當有效果，但從某些現象來看，確是有好的反應。譬如在廣州，我們只計畫在中山大學有一場演講，但暨南大學得悉我們在中大演講的情形，也安排了一場；在上海我們只有兩場演講與兩場座談，結果演講多排一場在戲劇學院；後來音樂學院也要排一場，但因時間排不進來；座談會也多排出兩場。在北京也多排出兩次座談會。在厦門原只有厦大一場演講、一場座談會，結果多排出好幾場座談會。就是在厦門大學結束我們大陸文學之旅的最後一場講演過後，尙接到校方轉來西安詩人寄來要我們去演講的函件。

於十一月十二日我們從厦門動身回香港，本來黃教授擬安排港大與中文大學有兩場演講，丁平教授，也希望到他文藝班去做一場演講，但因預定返臺機票的時間過於匆促，一到香港的第二天，便來不及的整理行裝，搭機返臺。

這次經由黃德偉教授安排，邀請赴大陸講演與座談的文學之旅，的確有收穫與留下些相當深刻的印象。

首先是大家對文學與文化，在人類共同生活中的永久價值，表以重視。雖然在現實社會上，一般人並不太注意與關心；然而眞正的智識分子、眞正從事文學的工作者與對文學的愛好者，均仍肯定文學與藝術，對人類精神與生命存在的啓導與尊嚴，有其深遠的價值與意義；若沒有文化與文學，社會人羣與國家絕不會健全，在這個方向上，大陸智識分子與文化人是有共識的。

其次是大陸不少地區包括大學，都設有許多研究臺灣文學的專門機構以及備有研究的專門人才與學者，並且出版有各種文學選集及評論集與資料，實在是值得我們注意的。但也由於傳播媒體的繁雜與不夠準確，我們不難發現大陸早期出版臺灣的詩選集，却有點像「炒大鍋菜」的模式，良莠不齊；稍後情況較改善些，便有點像是「炒中鍋菜」的模式。最近，他們似乎已逐漸更能把握到作品較佳的精良度與品質，而朝向求精求好的「炒小鍋菜」的模式。至少在我們這次的文學交流中，從他們不少專家學者的說詞，已表明那些曾被炒熱的流行作家與缺乏深度與原創力的作家，顯有往下冷却與下降的現象。倒是像具有才能與創作力的詩人林燿德，如此年輕，就出版了近十本相當嚴肅與有分量的著作，便的確引起不少同他接觸的大陸學者、作家與批評家的稱讚與重視，甚至將他視爲大陸的詩人北島。但我覺得林創作的理念以及語言向新的創作磁場推展的動勢，有更可觀的展望。

接着是大陸的「都市詩」，它無論是在創作的形態與質感上，都同臺灣有差距。由於我們臺灣的生存空間，已完成全然成熟的「都市化」生活環境，官能與心態的美感經驗活動，都比較全面的接近「都市化」的生活現場。田園的生活空間，已幾乎被都市科技的資訊與交通網全部籠罩；而大陸除了上海、廣州、北京幾個都市「重點」，整個生存空間幾乎仍是掌握在田園與大自然的廣闊範圍內，「都市化」的感覺之質感，張力與密度，難免被沖淡。所以大陸的「都市詩」，似乎仍處在我們六十年代由「都市」與「田園」相中和的接合邊境地帶，意象語仍納入田園與自然的景象及其心理與情緒的反應，而難免疏散「都市詩」向都市特殊處境中心迫近的擠壓力。因此，大陸的「都市詩」較缺乏臺灣「都市詩」的實質與强勢，或許臺灣因已進入高科技與更「都市化」的極限，「現代」已因此趨向「後現代」的情況，「都市」與「田園」兩者因交通資訊之密接，已全面的「都市化」，詩創作已把「田園」與「都市」整化爲共同的存在體。像這樣，豈不也使大陸的「都市詩」，似乎也納進「後現代」的創作圍界？但事實上，是有歷史差距的。因爲大陸根本沒有確實經過臺灣至爲成熟的「現代化」階程，怎能產生確實的「後現代」特殊情況？因此即使大陸也有所謂「後現代」的創作理念，那只是因爲他們在長期受政治環境壓抑下，所自然展示現個體自由化與多元性的奇異表現。甚至意料不到在大陸現代詩的創作流派中，竟有七八十種甚至近一百種以上，較臺灣詩派不知多了多少倍。新得幾乎不須有可靠的觀念與理論來作爲其實質存在的基礎，於是使無數浮面化的詩的流派，幾乎成爲無數詩的新奇的「攤販」；而非具有思想大景觀的巨型建築，臺灣的後現代，也多少浮現一些這樣的「流行」現象。

至於他們也引起議論與存疑的朦朧詩，確有點像我們五六十年代早期的晦澀詩；他們目前强調的「先鋒派」也頗似我們現代詩人與藝術家不斷强調的「前衞性」。但無論如何，我們現代化與進入工業文明的生存環境，確較大陸在被舊社會牽制，開發緩慢仍處在較封閉的生存空間中，是更有利去接受新的文明資訊與新的智識與觀念的沖激與挑戰，以調整創作上新的美學態度與思考角度。因此在現代詩與現代藝術的技巧表現上，我們所呈現的新穎性、變化與突破能力，是較具强勢的。

當然，從另一個角度來看，大陸廣闊的生存空間，龐大的自然山水景觀，以及廣大民衆樸實强韌的生命實力，所構成不斷向未來推展的「時空」與「文明」、「文化」的大動面，仍是有助文學與藝術向博大深厚途徑發展與創造的强大潛力。這一點是值得臺灣作家去注意與深加省思的。

最後是能在這次大陸的文學之旅中，於一連串的演講、座談會與聚會上，看到大陸不少著名的學者、文壇前輩、作家、批評家以及年輕一代傑出的作家與批評家，實在是件高興的事。像將近八十歲高齡的艾青·卞之琳以及初期現代派詩人施蟄存教授與詩人馮至，都仍然是一身文人的風骨，精神溫厚曠達，令人起敬。

至於著名的批評家謝冕教授、古繼堂教授、夏植芳教授、王晉民教授、林興宅教授、易新衣教授、潘亞暾教授以及暨南大學副校長饒芃子與中青一代傑出的批評家像杜榮根、宋耀良、朱大可、陳思和、唐曉波、徐靜波、徐學、朱二、俞兆平、毛思安、等都曾見談，領教他們的風采。

此外，留在我印象中，較有人情味的是我們每到大學去演講，都多由校方設宴款待。而身爲中國比較文學會副會長的賈植芳教授，應是我在大陸見到最瀟脫且健談的一位學者，那麼親切的在家中準備了十多樣菜，請我與林燿德，眞是家庭的大盛宴，尙請有多位教授作陪，而能與這頓晚餐一樣使我們留下深刻印象的，是經中國社會科學研究院研究員古繼堂教授的安排，由一位從事文化的私人企業家，在我與林燿德住的東方大飯店，訂了盛大的宴席，除請我們，尙請有老一輩的作家艾靑（令我們感動，是他坐着輪椅來）、卞之琳、謝冕、袁可嘉、晏明、高瑛、劉湛秋、古繼堂、雷霆以及擔任我們導遊的何女士與北大研究所學生方碧雲小姐，至於馮至教授因感冒不能來，我們都在電話中問他好，並餐後到他府上去看他。

這次返鄉探親及大陸的文學之旅，雖演講與座談的日程排得相當緊湊，但是在海南島，家人與作家朱逸輝先生，都曾陪我遊覽蘇東坡館、海瑞墓地及海南島美麗的海港；在廣州，易新衣與潘亞暾兩位教授，曾帶我與林燿德去看廣州市容並逛書店；在上海，徐靜波教授曾陪我們去觀上海灘以及英法租界的古老建築；在北京，古繼堂教授爲我們準備一輛漂亮的小包車，還有兩位美麗的愛藝術與文學的導遊小姐，帶我們去看北京城、天安門廣場、故宮博物館、魯迅公園、以及到北京都不能不去看的萬里長城；在厦門，有采貝詩社的社友帶我們去看開發中的厦門海港建築。

總之在這短短的一個月中，看見了四十多年不見的家人，以及四十多年一直都想看的上海、北京古城與壯觀的萬里長城；加上在文學之旅中，看到文藝交流的相當美好與令人難於忘懷的景象，便都自然的一一將它們存放在雙向的記憶裏。

中華民國七十七年十二月

詩之旅在IOWA

——國際作家寫作計劃（IWP）紀實

一、啓程前的短語

愛荷華（IOWA）這個名稱，意是指美麗的地方，而愛荷華城，便自然是指美麗的城市了。

由於廿多年來，愛荷華國際作家工作室（現已改稱國際作家寫作計劃IWP）每年都有來自世界各國的知名作家們在此集會，愛荷華便不但自然環境美，也多了一層文學性之美，眞是美上加美了。因此，愛荷華城也在歲月中聞名於國際。

較早，在創辦人波恩格時代，邀請參加這項活動的作家，多接受美國務院文化基金的資助，後改由各當地國民間團體資助，像出版社、像可口可樂公司等工商業、像臺灣後來去的作家，是由聯合報與中國時報資助，但最近幾年，因兩大報停止資助，臺灣作家便幾乎完全中斷參與這項活動。

我們此次被邀請全是由海外作家JOHN SY的大力推薦與幫忙，後又獲文建會資助來回機票以及新聞局部分的補助，便順利的成行，我們這一去，便也恢復臺灣作家已多年停止參加的這項具歷史性的國際文學活動。

二、飛抵IOWA文學城

八月廿九日下午，我們到達愛荷華，由愛荷華大學教授林啓祥博士到機場迎接我們住進一幢新建不久的別墅型郊區公寓，各國來的二十多位作家，都住在 WALDEN PLACE 區的這幢公寓裏。

這座公寓內部各種設備周全有幾分豪華，更多的是寧靜與高雅；屋外除了綠樹、綠草、藍天、更多的是幽靜與空闊。如果說在臺北市你一出門便擔心街上的車，從前從後都會撞你，在這裏，你放心，只要你不闖紅燈，無論在前後來的車，都會讓你，你可放心走；在臺北市，季節也相當鈍感，除了夏天熱得可怕，冬天較冷，春秋一直停留很短，來去不太明顯。在這裏，短短的三個月，由夏末的碧綠，到秋的金黃與楓紅，到冬的滿野滿屋頂的白雪；歲月與季節的臉色，一直很敏感地變化移動，幾乎可聽見大自然祥和的脈動以及均衡的呼吸與步伐。的確，是我們住在臺北四十餘年來，所感覺不到的舒適。尤其是在最後一個月（十一月底）下大雪，我們從室內窗口，看無限的雪景那純白的世界，美入我們的第一經驗；那壓不住的驚讚，使我們的確感受與體會到那一層層被舒放出來的美的生活空間與生命空間，都一一進入詩與文學的聯想，單就住在這裏的感覺便已珍藏入記憶，已使我們埋下回臺北必懷念不已的難忘景象。

三、進入文學活動圈

這次活動，是由愛荷華大學教授克拉克布雷斯（Dr CLARK BLAISE）主持，有來自世界各國廿多位作家參加。目的是促進世界文學交流，作家相互切磋創作觀念，交換創作經驗，並從事個人的寫作計劃。以及給作家在美旅遊訪問的機會。

全部活動，經該組織策劃人羅薇娜博士（Dr. ROWENA）在開幕茶會上宣佈，計有：創作思想研討會，作品誦讀發表會、翻譯討論會、應邀往其他各州大學訪問講座（讀詩與談詩或讀小說與談小說）接受電視訪問以及參觀農場工廠、企業機構、書展、風景區，同時經常有家庭式的歡聚酒會，均可自由參加，不採取勉强方式，非常尊重作家的自主性。

㈠ 創作思想研討會

「創作思想研討會」，有「後現代主義與超越（POST-MODERISM AND BEYOND)」、「今日世界文學（INTERNATIONAL LITERATURE TODAY)」、「爲何寫，如何寫，寫什麼，（WHY I WRITE, HOW I WRITE, WHAT I WRITE)」以及「虛構與眞實（FA-NTASY AND REALTY」與「美國文學的意象（IMAGES OF AMERICA LITE-RATURE）……等主題，各國作家可自由報名寫論文與擔任主講人，經策劃人安排調整予

以決定。

在這幾個主題中，蓉子在「今日世界文學」這一主題的研討會上，以「在臺灣中國現代詩的演變（THE EVOLUTION OF MODERN CHINESE POETRY IN TAIWAN）」發表論文，並擔任四位主講人之一，蓉子的論文由愛荷華大學一位中國博士班研究生翻譯，研討會上由蓉子自己宣讀，並且盡力回答聽衆提出的問題。

至於我原是報名參加「我爲何寫、如何寫與寫什麼」及考慮參加「後現代主義與超越」這兩項主題的主講人與發表論文。但由於前項主題，較容易，報名的主講人過多，我未被列名，只好冒險來講後一項是不易講的主題。好在我手邊有自己寫過一篇有關這論題的思想內涵的文章，我花三天的時間，完成「從我第三自然螺旋型架構對後現代的省思（REFLECTIONS OF POST-MODERISM FROM THE PERSPECTIVE OFMY「THIRD-NATURE, SPIRAL WORLD」MODAL）」論文約八千字，由愛荷華大學教授周欣平博士英譯，經IWP主任克拉克布雷斯審閱通過，方由編輯部門輸入電腦，打印成宣讀論文，並列入該組織的活動資料。

由於此項研討會的主題，是當前世界文學思潮比較熱門與富於爭議性的論題，研討會也由IWP主任克拉克布雷斯親自主持，而且三位主講人，只有我有論文，其他兩位，一位是以色列作家，一位是委內瑞拉作家，他們都是口頭報導他們國內後現代的文藝現象。如此，我的確感到一些榮幸，加上周欣平教授的英文造詣，代爲宣讀代我翻譯回答聽衆提出的問題，他讀音的響亮、動聽以及氣度與神采的吸引力，眞是令在場的聽衆由衷的贊賞。對「後現代主義與超越」這個論題提出了我個人特殊與具有批評性的一些論見，是多少有探索性的，後來也有部份聽衆，向我索取這篇論文的影印本；策劃人羅薇娜博士，也認爲那篇論文，有自己特殊的理念與原創性。這次研討會，對我提出的論文，反應尚佳。這不能不感謝代我譯代我宣讀的周欣平博士，沒有他，我便無法擔任這項研討會的主講人，也無法將自己涉及前衞性的世界文學思潮之理念與觀點傳達出去，得以交流。

㈡ 作品誦讀發表會

「作品誦讀發表會」：有作家自己內部與向外公開的兩種形式。各國作家，可用本國語朗誦，也可用英文，或請別人代讀英文。當然用各國語同時讀較具特色風趣與吸引力。作品誦讀後，便展開一連串討論，由聽衆對作品的思想內涵、意象、結構與表現形式提出問題，由作者本人回答，大家一起參加意見討論，相當生動，而且認眞。

在這兩種形式的作品朗誦發表會上，我們都分別參加，各讀自己精選的作品，這些作品，也都大多選入各國作家每人十首詩所將在以後由該組織出版的詩專集中。

蓉子兩次讀了她的作品計有「一朶蓮」、「維那麗沙組合」、「傘」、「我的粧鏡是一隻弓背的貓」、「夏在雨中」、「看你的名字繁卉」、「山就這樣走來」、「未言之門」、「詩」與「太空葬禮」等十首。蓉子以中文朗讀（偶而也自誦一兩首英文詩），英文大多由該組織的編輯

GEOFFPOPE與策劃人羅薇娜博士代讀。他們兩人都是詩人，非常適合讀蓉子的詩，無論是詩中的情緒、思想以及音調與節奏，都把握得很好。在討論中，曾有人問及蓉子詩中既表現生命在一種美的追求與嚮往中，怎會出現「寂寞的高度」等字眼，認爲「寂寞」是大家都不喜歡與不肯接受的東西，當時蓉子解釋說，詩中所說的寂寞，並非指一般人在生活中所感到的無聊與寂寞，而是一個詩人在創作過程中，有時必須面對的寂寞情境，而在寂寞情境中，詩人更能獲得專一的精神及純淨的心靈與自我，去深入的面對世界、生命與創作。說後大家都表示同意，尤其是在場那位讀過中國古詩，多少了解東方與中國文化的日本作家SOH AONO，他更能體認「寂寞的高度」這句詩的深意。的確，在柳宗元「獨釣寒江雪」詩中，那種登上精神冷凝的孤峯頂狀況，便凸現了「寂寞的高度」的精神造型世界。

至於我兩次讀的作品，共有以大自然爲主題的「觀海」、以戰爭爲主題的「麥堅利堡」、以都市文明爲主題的「都市之死」與以美國風光爲主題的「夏威夷」、等四首長詩以及「窗」、「流浪人」、「馬中馬」、「傘」、「車上」、「小提琴四根弦」等六首短詩。我以中文讀；分別由愛荷華大學一位中國教授林啓祥博士以及也替蓉子讀英文詩的GEOFF POPE與一位愛荷華著名詩人（多年前也曾是被IWP邀請的作家）KENT，代讀英文部份。

這十首詩，都是國內批評界較給予佳評與重視的詩，經英譯蓉子詩作的小說家施約翰以及榮之穎、林明暉、林啓祥三位教授的英譯，尤其是由林啓祥教授趕着替我譯後來又替我以英文讀，替我解說的那首長詩「觀海」，引起相當多的討論，且被主持人PETER NAZAR-

ETH博士宣稱那是一首思想境界廣濶與深遠的好詩。

至於我與蓉子在傑弗遜藝術中心參加的那場向外公開的作品朗誦發表會，被我請來代誦英文的那位愛荷華名詩人ＫＥＮＴ，是因爲有一次他朗誦自己作品前曾特別向觀衆聲明，他這首詩，是爲我而讀的，原來是他那首詩的詩風，同我「麥堅利堡」與「都市之死」詩的衝擊性、粗獷性與偏於向內探索與批判，相當接近，而且他朗讀非常好，無論聲音、動作與表情，都具有強勢與吸引力，這也難怪，因爲他也是多元媒體藝術表現的能手。與我「藝味」有相同之處，好像我到愛荷華來之前，早就準備好一位在我作品朗誦發表會上，替我以英文朗誦的最佳人選。當我向他說，他一口答應，便約好在我住處溝通如何讀的問題，經兩個下午的交談，便決定這發表會朗誦我的「麥堅利堡」、「都市之死」兩首長詩以及「窗」、「流浪人」與「車上」三首短詩，除「都市之死」是由在美任教的榮之穎教授翻譯外其他四首均由翻譯高手施約翰英譯。

這次朗誦，在蓉子以中文(也有一兩首以英文)、羅薇娜博士以英文朗讀蓉子的六首詩；展開一個偏於「柔靜」與「典雅」的內在視聽世界引起聽衆在思索着詩中所流露的情緒與意趣之美，過後，ＫＥＮＴ接着便誦讀我的三首短詩與兩首長詩。「麥堅利堡」因要放幻燈片，放在最後，每次他先以英文讀一首，我後以中文讀一遍，除「都市之死」其中四首我均以背誦。他每讀一首，都以極簡短的一兩句話，說出詩的意圖，像一把打開詩境的鑰匙。尤其是在讀「都市之死」與「麥堅利堡」兩首長詩時，他更將國內外學者與批評家對兩詩的評語——

像在水牛城紐約州立大學任教的美籍教授 BERTHOLF 評「都市之死」近似是中文的艾略特的「荒原」；像「麥」詩被美詩人 H. HILL 指說爲「具有將太平洋凝結成一滴淚的那種力量」等評語，對聽衆加以說明，這都多少增加這兩首詩在朗誦發表時的某些光彩。

㈢ 應邀訪問講座

這項活動，大多是由美國其他州或城市的大學，向愛荷華國際作家寫作計劃（IWP）提出邀請某位作家前往讀詩與談詩（或讀小說與談小說），來回機票由IWP研討會負擔，吃住與演講費由邀請之學校負責。

於十一月四日，全體作家應喬治亞州市議會的邀請，前往該州首府去參加由五十家美國及國際各大出版社或書局所參與的國際書展活動。蓉子與來自肯亞的作家亨利，被分派到克拉克·亞特蘭達大學去講兩場，第一場，蓉子介紹中國詩的流變；第二場，談個人的創作經驗，並朗讀自己已翻譯的幾首英文詩，頗受歡迎。

從亞特蘭大飛返愛荷華的第三天，蓉子又應俄亥俄大學邀請，專程飛往該校，朗誦她的作品，這是一場對外公開的朗誦會，並印發宣傳海報，聽衆相當踴躍，在朗誦會開始之前，由蓉子先用英文簡單地介紹一下她要讀的十首詩；接着用中文朗誦，再由英譯她作品的林明暉教授，以英文朗讀，甚獲好評。緊接着朗誦會後，並有一場介紹蓉子的歡迎酒會。

於十一月十九日我與蓉子應繳飛往水牛城紐約州立大學讀詩與談自己的詩。這一次活動，因有中國文學社與留學生讀書會的加入協辦；又有中國學者教授在場，而主持人紐約州立大學現代詩教授兼任詩圖書館館長，竟又是我們一九六七年在臺北認識的美籍朋友 Dr. BERTHOLF，那時，他剛唸完博士學位，在奧立崗大學任教，我與蓉子出版的第一本英文詩選「日月集 SUN MOON COLLECTION」就由他執筆寫評介，且將我的「都市之死」一詩，喻爲中文的TS艾略特的「荒原」，所以那天整個朗讀過程，在 Dr. BERTHOLF 博士主持下，進行相當理想與順利。不但來聽的中外人士，相當踴躍，而且由於他對我們做了很好的介紹，又代我讀英文，又請了一位寫詩的助理 Miss. SPAHR 小姐代蓉子讀英文，我們盡力把中文讀好，同時談詩與回答問題，又有在場的中國學人，代我們翻譯較難的地方，便自然使這次活動，出現令我們感到相當滿意的效果，也讓聽衆留下好的印象。

此行，除應邀讀詩與談詩，主持人 Dr. BERTHOLF 並請他的助理林子予博士，開車帶我們看尼加拉瓜瀑布與當地一家具有世界第一流水準的私人美術館以及遊覽市區。尤其是在和董保中教授午餐與在他辦公室暢談文學之前的兩個小時，由 Dr. BERTHOLF 教授帶我們參觀他主管的詩珍藏圖書館，據他說，這是世界上收藏世界名詩與手稿較多與較充實的詩圖書館。的確，當他帶我們與董保中教授走進那寬大的全是詩的圖書館內，站在千千萬萬的詩集前，巡視詩人龐德、艾略特、喬伊斯、莎士比亞、濟慈、勃朗寧、佛洛斯特、惠特曼、梵樂希、桑德堡……等那許多已進入歷史的詩人們的無數詩集，眞有如處在千波萬浪的詩海中，能不驚嘆；想起目前那一羣羣在流行與熱鬧現象面上飄忽不定的所謂文藝作家，更是不能不感慨。當 Dr. BERTHOLF 教授，打開安全門的秘碼，特別讓我們進入一間也非常寬大的密屋，去看世界名詩人們珍藏的手稿，我們翻閱龐德艾略特、喬伊斯等詩人所寫的那一頁由智慧的心血與腦汁凝固成的詩行，那都是製作永恆與歷史的草圖，我們在驚奇中，流露著感佩與尊敬；禁不住我也開口讚美 Dr. BERTHOLF 教授一句，說他是「世界上智慧價值最高的一座銀行」的經理。他是教現代詩與具有前衞思想的詩人與教授，他對我笑了一下說：「眞的嗎？」我說「當然是眞的」，就這樣，我們非常愉快的結束了這項參觀活動。這也是我們旅美所看到的最特殊的見聞。

當林子予博士專程送我們往機場的途中，我與蓉子都深深體味到所謂「文學之旅」的感覺，在我們這次水牛城的州立紐約大學之行，的確是更具體凸現出來了。

(四) 電視訪談與贈書

依以往慣例，整個文學活動於結束之前，該組織主任克拉克布雷斯博士，都分別邀請各國作家上電視訪問與對談。我與蓉子安排在十月三十日晚上七時半，訪問時間約四十分鐘。由克拉克問，我們回答，在旁尚有林啓祥博士幫助翻譯。林博士是我們在愛荷愛期間，幫忙最多的一位學人。整個訪問過程，由於克拉克的機智與幽默，林博士英文有很好的造詣，加上我們事先對訪談的問題也有相當的準備，所以進行得相當順利。談我們自己的詩、創作觀念與文學的價值觀……這些訪談紀錄片，除由當地電視臺在有關節目播出，並由該組織保存爲活動資料。

十二月一日，我與蓉子將啓程離開愛荷華，前答應愛荷華大學圖書館中文部主任周欣平博士，將我們帶來的二十多種中文著作（每種各乙册）於離開前，贈給愛荷華大學圖書館。其中包括有我們的詩集、論文集以及三本專論羅門的書（其中有一本也論到蓉子）。我們都分別簽上名。周欣平博士三十日上午冒著雪來接我們到該館，並事先安排好同館長 Dr. SHEILA CRETH 與副館長 Dr. EDSHREEVES 在辦公室晤面，接受贈書，當時我們大家每人手中都拿著一本書，合影留念，相當懇切，就這樣我們的二十七本書，便收藏進了愛荷華大學圖書館，多少做了一些文學乃至文化的國際交流工作，內心多少也感到一些欣慰與榮幸，當周博士在雪中送我們回去的途中，外面雖冷，我們內心中的歡情與謝意却是暖暖的，想到我參加「後現代主義與超越」研討會，所寫的論文，正在急著找人翻譯時，周欣平教授百忙中，竟幫我翻出來，使我的創作思想與觀念，得以發表出來，這對我來美參加此次文學活動確有很大的重要性，能不由衷的感激，這份感激之情，直到我返臺北，執筆寫此篇文章時，仍浮現在心頭。

㈤ 參觀與大小型酒會

至於在這三個月中，該組織安排多次的參觀與遊覽以及大小型的餐會與酒會，都是使整個文學活動流程，顯得多彩多姿與生動。有嚴肅的一面，也有非常輕鬆愉快的一面。

九月五日，我們全體作家到 MARC NIESEN'S 農場去參觀，並整個下午留在那裏，野餐、喝啤酒吃烤肉，各自快樂的交談。那一望無窮的大自然，清新的空氣與景象，自由歡暢的心情，這種美的感覺，解釋成文學性的生活或行動化的文學，都應該是有實質意義的。

十月十三日，是IWP二十五週年紀念酒會，這是我們參加最盛大最熱鬧的一次酒會，除我們全體作家參加，同這個組織有關的當地與遠地的作家，也來了不少人。由主任克拉克任主席，貴賓有愛荷華市長、愛荷華大學校長，美國著名詩人作家以及企業界知名人士與已退休不再過問IWP事務的聶華苓女士，聶女士自丈夫波·恩格去世，多少有點落寞感，她過去對IWP的種種貢獻，只留下一些美好的回憶，美國的社會，人不在位，一切便不能不「冷」了。但今晚克拉克當主席，仍不忘請聶女士也對IWP二十五週年發表一些感言，在充滿了感懷的說話之後，多少有些感人的場面，這時在場的人士有人站起來，表示敬意，並鼓掌，我與蓉子看了心裏實在替她高興。

十月十八日我們全體作家參觀海明威農場（HEMINGWAY FARM）；十月二十七日參觀伊利諾州一家規模龐大的 JOHN DEEREH 廠，該廠除以盛大的午宴接待，並請我們坐豪華遊艇遊覽美國著名的密密西比湖；十一月五日，我們飛往亞特蘭大市，除參觀國際書展；並參觀可口可樂總廠，十一月十五日，我們又應邀參觀一個更大的 DAND FARM 農場，正好是過感恩節，主人準備豐美的午餐接待，並陳列農場種的各色各樣的果物，任客人帶回做紀念，我與蓉子選了一個可愛的小南瓜與一個彩色的玉米，此刻放在我的燈屋裏，看來已是兩個小小可愛的記憶。

此外，我們在平時，經常也有一些輕鬆愉快的小型聚會，或在主任克拉克家中，或在秘書CINDY家中，或在當地的著名作家家中，或在愛荷華城內的小酒店。作家們在一起，多是喝咖啡、啤酒，交談、讀作品，有時也跳舞與唱歌，特別高興時，便繼續愉快的相處到深夜……這些生活中的歡情，總是流露著文學與藝術性的氣氛與色調，便也同這次IWP整體性的文學活動架構獲得美好的互動與溶合，而也使整個活動圈，最後結合成一個相當快活美好的具有文學象徵性的圓——句點。

四、文學活動圈外

繞著IWP所策動的活動圈在轉，我們又轉了愉快的好幾圈。

十月十四日我與蓉子坐機從愛荷華，飛越密蘇里州、堪薩斯州、科羅拉多州與亞利桑那州，在內華達州的拉斯維加賭城隆落，住進LADY LUCKY旅館，逛賭城夜景，次晨參加小型旅行團，經著名的胡佛水壩與拉斯維加沙漠到大峽谷。

抵達雄偉壯觀的大峽谷，終於也達到我們此次赴美的重大願望，也終於將鞋印蓋在大峽谷的山頂上。這的確是一個令人驚喜的第一經驗，也是寫詩的特殊題材，過去我寫過「海」，以後總該因此寫「山」。

十一月十五日我們應在愛荷華大學就讀的臺灣留學生（包括已畢業的同學）邀請，暢談詩與藝術以及解答同學們的問題，並朗讀作品，達三小時之久，參加同學數十人，相當熱烈，而且非常親切。多由於語言與大家都是從臺灣來到國外，同胞愛與國家觀念，總難免自然的流露於談吐之間。他們熱愛詩與藝術的熱情，在面臨生存價值失衡的世紀末，實在可貴，我一再鼓勵他們。講完，同學代表在寒風中，送我們回住處，下車時，他們一再說謝謝。看他們的車在寒夜消失，我們內心中的那股溫暖，便流入對他們未來前途的祝念之中。

十一月二十五日晚，我與蓉子應邀參加愛荷華大學美術系胡宏述教授家中的感恩節晚餐盛會，並請我當晚向他班上的研究生與畢業學生等二十多人講我「燈屋」生活空間的造型藝術與放「燈屋」的錄影帶；接著又談詩與視覺藝術，胡教授是當地聞名的藝術家，他的雕塑作品，樹立在校區與愛荷華城的市區，學生都非常尊敬他，都樂意上他的課。

那晚我們除了交談詩與藝術，彼此很高興之外，尚有胡教授夫人爲二十多人準備的感恩節晚餐，既豐盛又美味，我與蓉子在美國又享受了一次難得的口福。而在胡教授以高度藝術設計的美屋裏，屋外下著雪，屋裏暖暖的暖氣與文藝氣氛，實在又使那晚在我們的美國文學之旅中，更多了一些美好的回憶，此刻想起胡教授在雪中接我們，在雪中送我們回去的景象，仍歷歷在目，令人難忘與感懷。

十一月二十七日是美中國建聯誼會愛荷華分會，值選舉新舊會長的日子，當晚在燕京大飯店舉行。前些時候，會長鄭燊甫博士，冒著大雪天送來邀請函，希望我與蓉子參加，並在選舉晚宴餐會上，做三十分鐘的講演。當時我們雖感到一份榮幸，但面對海外的學術界學者教授精英講演，難免有些惶慌。可是由於鄭會長懇切的邀請，我們只好勉爲其難答應下來。

記得當晚燕京飯店大廳擠滿了將近三十位的貴賓。選舉新舊會長過後，由上屆鄭會長介紹我與蓉子給與會人士，接著是蓉子說一些話與讀詩，我方就原定的講題「詩眼看中國文化的卓越性」，開始講。

此次我準備講的內容，除首先對在座的貴賓，他們在海外從事學術工作的卓越表現由衷的敬佩（像在座的鄭會長最近就獲得愛荷華市長頒給他在教育貢獻上的金鑰獎，予以表揚；其中尚有一位教授，最近榮升工程學院院長，都應是中國人的光榮），然後我以事實來證明中國文化的卓越性以及做爲一個具有深厚傳統文化的中國人，在未來人類存在的共同世界中，的確是具有優越感與光榮的。雖然一般看來，西方人在腦的理性思維世界一直領導科學與物質文明發展，是一直在佔上風；但我們中國人，在這一思維範疇內，也有多人獲得過諾貝爾獎，可見我們也不乏尖端科學的理性思考人才。但主要的問題，仍是在人類以理性的科學思考力，雖不斷發現與證實那永遠證實不完的客觀物質世界，並不斷帶來新的進步世界，但它絕非孤立存在的，它最後仍必須與人發生關係、與人對話，那麼究竟那一種人的生命，是能站在最優越的位置上，去同不斷被科技證實的物質世界來往而且超越它？那明顯是具有卓越與美的文化心靈的人，我們中國詩人像杜甫、李白、陶淵明、王維便早就具有這種卓越高超的詩心去不斷面對世界與生命，獲得永恆的慧悟。那晚我談論與就敎於各位學人的談話，較重要的部分大致如此，以後會擴充寫成一篇短文。

五、美麗的尾聲

最後我想還有兩樣令我們在旅途上感到歡愉的事情，值得在此一提，一樣是我們由水牛城飛返愛荷華，中途停芝加哥，在詩人非馬家中作客三天，遊覽芝加哥密斯根湖畔與市景，尤其是參觀芝加哥美術館，看到我慕名已久的許多世界大師級藝術家的眞品，心中一直驚讚不已，這是我三次來美，看到現代藝術大師作品最多的一次，過去在畫册中看到的，的確比不上看眞品來得震撼。

這三天詩人非馬與夫人熱心的接待以及機場來回的接送，使我們此行，又是一個美麗的句點。

其次是我們十二月一日離開愛荷華，在返臺的途中，停在聖地雅哥，在詩人葉維廉家中作客五天。他與夫人也是讓我們有賓到如歸之感，除宴請我們到墨西哥館與當地最豪華的一家大飯店用餐，在家中更是親自下厨，這種接待，加上到機場來回接送，眞是令我們禮會到朋友的深情尤其是在那五天裏，他們帶我們參觀現代與後現代藝術建築，看聖地雅哥的海景與落日，看美國著名的野生動物園與海世界（SEA WORLD），看聖地雅哥住宅區的自然環境，任誰站在葉維廉教授家附近靠海的地方，都會說聖地雅哥更適合居住的話，是千眞萬確的，想起住在臺北市區內，眞是像兩個世界，好在人是有相當大的適應力，而且對長年住下來的泰順街的「燈屋」，已有很深的感情，在我離開三個多月後已大聲的叫我了。就這樣，我與蓉子很愉快與滿意的結束這三個多月的文學之旅。

民國八十二年五月

把所有的門都羅過來

——我的筆名「羅門」

我的本名叫韓仁存，那是我生出來父親定的；其實這個名字，若用在辦學校、開醫院與從事慈善事業，倒是一個好的名字；但用來當作詩人的名字，不但不美，而且會因名使人聯想到我是「文以載道」的詩人，不妙。因此，我必須另想一個筆名。

首先，我覺得筆名第一個字，必須用母親的姓——「羅」字。因我能到世界上來，是父母兩個人的功勞，也許母親功勞更大。所以身分證上用父親的姓，詩集上印母親的姓，是公平的。至於第二個字，則要考慮它同「羅」字連在一起的意涵、讀音與寫出來好不好看等等。結果我想出一個「門」字來。因爲「羅」與「門」連在一起，不但寫出來好看，有造型美，讀起來也好聽，有氣魄；而且有出人意外的意涵與妙趣。

譬如當我們想到世界上最玄的門時，便會想到腦門與心門，那是宇宙萬物內在生命乃至「神」與「永恆」的出入口；也是詩人作家作品的進出口。當我們想到實際的門時，便會想到木門、鉛門、鐵門，上車時開的車門，車開時踩的油門，回家時開的大門，進房間時開的房門，進廚房時開的火門，離開這個世界時開的天門。如果用詩眼來看，還有許多更妙的門在開著，像花朵把春天的門推開，炎陽把夏天的門推開，落葉把秋天的門推開，寒流把冬天的門推開，鳥把天空的門推開，泉水把山林的門推開，河流把曠野的門推開，大海把天地的門推開，到處都是開著的門。

當上面這許多內內外外重重疊疊的門，都「羅」在一起，那不就成了我意念中的筆名「羅門」了嗎？單就「羅門」這兩個字，尚可同世界上許多著名的人物與有趣的事物扯在一起。譬如聖經中的所羅門王、政治圈著名的門羅總統與門羅主義、電影界的轟世名片羅生門，乃至工商界在臺北相連開設的「羅門開發公司」、「羅門服飾店」、「羅門照相館」……等，都有羅門這兩個字。

如此看來，起「羅門」這個筆名，倒還不錯。後來詩人羅青寫的「名字與別號」一文，在〈人間副刊〉發表，提到他喜歡的多位詩人作家筆名中，也圈選「羅門」是最佳的一個，評語是：「這個筆名，有所羅門王的氣魄；『羅』與『門』兩字分開來看，肅穆正大，合起來念，聲調鏗鏘，有莊嚴雄偉之意，直是不可多得。」

就這樣，羅門這個筆名，被詩友與文友叫了三十多年，幾乎不知道我的眞名，見到面，都是叫我羅門或羅兄羅先生，我也已習慣。再說我的母親姓羅，在詩的創作世界，就跟著母親姓吧！但由於「羅」字接下來是「門」字，難免給一些愛開玩笑的詩友與文友說什麼「你羅門這個筆名，的確不錯，但門可羅雀，不太好吧！」這種玩笑當然不止一次，有時我會幽默簡短的回答說：「我的門可不羅雀，倒是羅到了詩、藝術與人，當然也羅到了一隻雅典、溫柔、善良的青鳥；但絕不羅那些不眞實與傷害藝術的東西」；有時也會帶開玩笑有趣的回答說：「我的門才不羅雀，詩壇上羅家幫的人那麼多，只要你站在門口看，熱鬧極了。從門裡奔跑出去的，有詩人羅馬，慢慢走出去的，有詩人羅行；從門前緩緩流過去的，有詩人羅明河，站在門前看萬花怒放的，有詩人羅英；瞭望著青天綠野的，有詩人羅青；探望著世界與生命奧秘的，有詩人羅智成；如果想來個文學之旅，還可問問作家羅盤」，在這些有趣的說笑之後，我的筆名羅門，便也無形中，又多出一些巧意與妙趣來了。

然而，所有的門，是羅過來了，但千萬不要遇上「所（鎖）羅門」，拜託！

民國八十年十一月

羅門簡介

本名：韓仁存一九二八年十一月廿日出生

籍貫：海南省文昌縣

學歷：空軍飛行官校肄業，美國民航中心畢業，
考試院舉辦的民航高級技術員考試及格。

職業：曾任交通部民航局國際機場高級技術員。
民航局民航業務發展研究員。

詩的經歷與活動：

從事詩創作三十多年

▲曾爲國際詩人協會榮譽會員（一九八六年）

▲曾任中國文協詩歌創作班主任（一九八七年）

▲中國新詩學會常務監事（一九九一）

▲中國青年寫作協會值年監委（一九九一年）

▲藍星詩社社長

▲曾選派爲中國五人代表團出席由五十多國家在菲馬尼拉召開的第一屆世界詩人大會（一九六九年）

▲曾應大會主席卜納德博士（Dr. PLATTHY）特函邀請與女詩人蓉子以貴賓身份出席在美召開的第三屆世界詩人大會（一九七六年）

▲曾出席在韓國召開的第四屆世界詩人大會，並代表中國朗讀發表作品：「麥堅利堡」（一九七九年）

▲曾應韓國作家筆會會長邀請赴韓訪問（一九七六年）

▲曾任國家文藝獎評審委員全國傑出詩人獎決審委員

▲曾不少次擔任大專學生文藝營指導老師及全國性的巡迴講演。

▲應聘爲全國首屆戶外藝展顧問團副主席，並爲該展出寫宣言與主題詩（一九八四年）。

▲曾以詩配合何恒雄雕塑家的雕塑，碑刻入臺北新生公園（一九八二年），碑刻入臺北動物園（一九八八年），碑刻入彰化市區廣場（一九九二年）

▲應邀同名雕塑家楊英風、光電科學家胡錦標博士、張榮森博士以及前文建會主委陳奇祿博士等，擔任中國雷射協會籌備委員。並曾與蓉子參加第一屆國際雷射藝術景觀展，以詩、音樂與雷射聯合演出（一九八一年）

▲曾擔任私立國學院現代詩專題講座兩學期（一九八一—八二年）；東海大學文學院（與文建會）主辦文學研習會講座兩學期（一大八二年）。師大文學院文學研習班講座及指導一學期（一九八七年）。

▲曾接受香港大學黃德偉教授邀請赴港做三場演講。並在中大文藝班與余光中教授黃維樑教授主持現代詩座談。香港大學圖書館第一位設置「中國當代詩人羅門資料專櫃」（一九八四年）。

▲爲唯一以現代畫進入故宮且享譽國內外的名畫家林壽宇畫展畫册寫序（一九八四年二月）；爲不少國內著名的現代畫家寫畫評；爲國內最前衞的「異度空間」展（一九八四年八月）與「超度空間」展（一九八五年五月）寫畫册序言。

▲應邀參加國內名雕塑家楊英風、何恒雄教授以及尖端科學家原子能委員會副主委胡錦標博士張榮森博士等所舉辦的國內首屆科藝展，並爲展出寫「光」的主題詩與感言，發表於商工日報（一九八四年）

▲應邀同女詩人蓉子赴菲中正學院與文藝界做三場現代詩的演講（一九八八年）

▲曾應邀同林耀德在大陸廣州、上海、北平、厦門、海南島等地各著名大學、中國社會科學院、各大學中文系、中文研究所、臺灣文學研究所、中國文聯、中國作協、中國現代文學館、中國文論、詩刊編輯部等學術與文藝團體機構進行廿多場之演講與座談。北京大學的演講海報並寫「歡迎臺灣詩壇大師——羅門」（一九八八年）

▲羅門著作《羅門詩選》與《整個世界停止呼吸在起跑線上》兩書曾於一九八八年與一九八九年兩度列入中國青年寫作協會策劃之第一屆與第二屆文學鑑賞研習營研習課程。

▲擔任由青協與中國時報文化出版公司主辦的「八十年代臺灣文學研討會」主持人（一九九〇年九月廿九日）；擔任由青協與行政院陸委會協辦的「兩岸文化、文學研討營」主講人（一九九一年六月八日）；任擔青協與中國時報文化出版公司主辦的「臺灣通俗文學研討會」主持人（一九九一年十月廿七日）擔任青協主辦「當代女性研討會」主持人（一九九二年十二月廿六日）

▲盛況空前的國際藝術大師米羅作品大展，在臺灣舉行，應臺北市立美術館邀請以「詩眼看米羅」爲題，做一場專題演講（一九九一年十月十九日）

▲羅門蓉子應「泰華文藝作家協會」於正式獲得泰國政府批准成立的華人文藝團體成立大會之邀，專程飛往曼谷，在成立大會上分別做專題演講。

▲曾同蓉子參加美IOWA大學國際作家寫作計劃（IWP），宣讀作品與發表論文，並應邀往水牛城紐約州立大學讀詩與談詩（一九九二年）

▲羅門作品接受國內著名學者評論家評介文字近六十萬字，接受訪問十多萬字，一九九一年分別出版三本羅門的專論書，一是大陸海南大學周偉民與唐玲玲兩位教授夫婦合著的「日月的雙軌」（合論羅門與蓉子的詩與文），另一本是林耀德寫的「羅門論」以及「門羅天下——當代名家論羅門」（由海內外教授作家五十多篇論文所組成）。

▲一九九三年八月六日到十一日海南省海南大學舉辦「羅門蓉子文學世界」學術研討會，請有來自美國臺灣、港澳、星馬與大陸各地等學者作家五十餘人，提出研究羅門蓉子創作世界論文近三十篇，是一次最具規模的海外個別作家學術研討會。

【附】曾應邀往臺大、師大、政治大學、中央大學、中山大學、淡江大學、輔仁大學、文化大學、臺北醫學院、清華大學、東海大學、中興大學、臺中醫學院、成功大學、大同工學院、海洋學院、中正理工學院、高雄醫學院、高雄師範學院、國立藝專、世界新專、臺北師專、臺北女師、實踐家專、苗栗聯合工專、明志工專、民權商專、新竹師專、屏東師專、新埔工專、市政專校、彰化教育學院……等國內卅餘所大學院校做詩的專題演講。

羅門著作

・詩集

1.曙光（藍星詩社，一九五八年五月）
2.第九日的底流（藍星詩社，一九六三年五月）
3.死亡之塔（藍星詩社，一九六九年六月）
4.日月集（英文版，與蓉子合著／美亞出版社，一九六九年六月）
5.羅門自選集（黎明文化公司，一九七五年十二月）
6.曠野（時報文化出版公司，一九八一年）
7.羅門詩選（洪範書店，一九八四年）
8.隱形的椅子（抽頁裝訂本，一九七六年）
9.日月的行蹤（抽頁裝訂本，一九八四年）
10.整個世界停止呼吸在起跑線上（光復書局，一九八八年四月）
11.有一條永遠的路（尚書文化出版社，一九九〇年）
12.「太陽與月亮」（大陸花城出版社一九九二年）
13.「羅門詩選」（大陸友誼出版社，一九九三年七月）
14.「誰能買下這條天地線」（文史哲出版社，一九九三年十二月）

・論文集

1.現代人的悲劇精神與現代詩人（藍星詩社，一九六四年）
2.心靈訪問記（純文學出版社，一九六九年十一月）
3.長期受著審判的人（環宇出版社，一九七四年二月）

4.時空的回聲（德華出版社，一九八二年一月）

5.詩眼看世界（師大畫苑出版社，一九八九年）

・散文

羅門散文精選（文史哲出版社，一九九三年十二月）

獲獎部份：

1.一九五八年獲藍星詩獎與中國詩聯會詩獎

2.一九六六年「麥堅利堡」詩獲菲總統金牌獎

3.一九六九年在馬尼拉擧辦的第一屆世界詩人大會上，與蓉子獲大會「第一文學伉儷」獎，頒發菲總統大綬勳章

4.一九七〇年獲美國奧克空荷馬州州長頒發榮譽公民狀

5.一九七二年獲巴西哲學院頒發榮譽學位

6.一九七六年，在美國擧辦的第三屆世界詩人大會上，與蓉子獲特別獎，並接受大會加冕，以及美國之音記者之專訪。

7.一九七八年獲中華文化復興委員會「鼓吹中興」榮譽獎

8.一九八七年詩人節獲教育部頒發「詩教獎」

9.一九八八年「整個世界停止呼吸在起跑線上」獲得中國時報文學獎（新詩推薦獎。）

10.一九九一年獲中山文藝獎

11.一九九二年獲美國愛荷華大學IWP組織頒贈榮譽研究員。

名列名人錄：

中文版名人錄

一九九一年名列「中華民國現代名人錄（中國名人傳記中心出版）」

一九九二年名列「大美百科全書（光復出版社出版）」

一九九三年名列「世界華人文化名人傳略（香港中華文化出版社）」

英文版名人錄

1.世界詩人辭典 International Who's Who in Poetry（倫敦劍橋國際傳記中心選編，一九七〇年）

2.中國名人錄（英文版新聞局委託漢光出版社出版的一九八六、一九八七、一九八八年中華民國年鑑）

3.「亞洲名人錄」（Asia's Who's Who of Men & Women of Achievement 1989-90）印度傳記中心出版。

4.世界名人傳記（Biographical Historiette of Men & Women of Achievement & Distinction 1990）印度傳記中心出版。

作品選入中文選集

1. 中國詩選（大業書店，一九五七年）
2. 中國當代名作家選集（文光圖書公司，一九五九年）
3. 十年詩選（明華書局，一九六〇年）
4. 七十年代詩選（大業書店，一九六七年）
5. 中國現代詩論選（大業書店，一九六九年）
6. 中國新詩選（長歌出版社，一九七〇年）
7. 中國現代文學大系（巨人出版社，一九七二年）
8. 中國現代散文選集（文藝出版社，一九七三年）
9. 八十年代詩選（濂美出版社，一九七六年）
10. 廿世紀中國現代詩大展（大昇書庫，一九七六年）
11. 中國現代文學年選（巨人出版社，一九七六年）
12. 當代詩人情詩選（濂美出版社，一九七七年）
13. 中國當代十大詩人選集（源成出版社，一九七六年）
14. 文藝選粹（幼獅文化事業公司，一九七七年）
15. 中國現代文學的回顧（龍用出版社，一九七八年）

16. 當代情詩選（濂美出版社，一九七九年）
17. 現代名詩品賞集（聯亞出版社，一九七九年）
18. 小詩三百首（爾雅出版社，一九七九年）
19. 當代中國文學大系（天視出版公司，一九八〇年）
20. 中國當代新詩大展（德華出版社，一九八一年）
21. 情詩一百首選集（爾雅出版社，一九八二年）
22. 現代詩入門選集（爾雅出版社，一九八二年）
23. 中國新詩選（長安出版社，一九八二年）
24. 中國當代散文大展（德華出版社，一九八二年）
25. 中國現代文學選集（爾雅出版社，一九八二年）
26. 七十一年詩選（爾雅出版社，一九八三年）
27. 七十二年詩選（爾雅出版社，一九八四年）
28. 一九八三臺灣詩選（前衛出版社，一九八四年）
29. 七十三年詩選（爾雅出版社，一九八五年）
30. 七十四年詩選（爾雅出版社，一九八六年）
31. 一九八五年臺灣詩選（前衛出版社，一九八六年）
32. 七十五年詩選（爾雅出版社，一九八七年）
33. 中國現代海洋詩選（號角出版社，一九八七年）

34. 七十六年詩選（爾雅出版社，一九八八年）
35. 七十七年詩選（爾雅出版社，一九八九年）
36. 七十八年詩選（爾雅出版社，一九九〇年）
37. 臺灣詩人十二家（重慶出版社，一九八三年）
38. 臺灣朦朧詩賞析（花城出版社，一九八九年）
39. 臺灣詩選（人民文學出版社，一九八二年）
40. 臺灣創世紀詩萃（浙江文藝出版社，一九八八年）
41. 臺灣現代詩四十家（人民文學出版社，一九八九年）
42. 當代臺灣詩萃（湖南文學出版社，一九八九年）
43. 臺灣新詩發展史（人民文學出版社，一九八九年）
44. 臺灣現代詩選（瀋陽春風出版社，一九八七年）
45. 中國新詩鑒賞大辭典（江蘇文藝出版社，一九八八年）
46. 臺灣百家詩選（江蘇文藝出版社，一九九〇年）
47. 臺灣現代詩賞析（河南人民出版社，一九九一年）
48. 七十九年詩選（爾雅出版社，一九九一年）
49. 臺灣創世紀詩萃（浙江文藝出版社，一九八八年）
50. 淘金者的河流（百家出版社，一九八九年大陸）
51 臺灣朦朧詩賞析（花城出版社，一九八九年）

52海南琼人詩選（大陸三環出版社）

53太陽月亮，羅門蓉子詩精選（花城出版社，一九九二年）

54八〇年詩選（爾雅出版社，一九九二年）

55八一年詩選（爾雅出版社，一九九三年）

作品選入外文選集

英文版：

1.中國新詩選集 New Chinese Poetry（余光中教授編譯，一九六〇年）

2.中國現代詩選集 Modern Chinese Poetry（葉維廉博士編譯，一九七〇年）

3.臺灣現代詩選集 Modern Verse from Taiwan（榮之穎編譯，一九七一年）

4.當代中國文學選集 An Anthology of Contemporary Chinese Poetry（國立編譯館編譯，一九七五年）

5.亞洲新聲 Voices of Modern Asia（美國圖書公司出版，一九七一年）

6.世界詩選 World Anthology（美國 Delora Memorial Fund 基金會出版，一九八〇年）

7.當代中國詩人評論集 Essays on Comtəmporary Chinese Poetry（林明暉博士 Dr. Julia C. Lin著，一九八五年）

8.臺灣現代詩選 Modern Chinese Poetry from Taiwan（張錯博士編譯，一九八七年）

9.一九九〇世界詩選（World Poetry 1990）Editor: Dr. Krishna Srinivas India.

10.中國現代詩選（Anthology of Modern Chinese Poetry. 奚松博士編譯，一九九二年）

法文版：

1.中國當代新詩選集La Ktesie Chinoise（胡品清教授編譯，一九六三年）

日文版：

1.華麗島詩選集（日本若樹書房編選，一九七一年）

2.臺灣詩選（世界現代詩文庫土曜美術社出版，一九八六年）

韓文版：

1.廿世紀世界詩選（韓籍李昌培博士編譯，一九七二年）

2.世界文學選集——中國詩部分（韓籍許世旭博士等編譯，一九七二年）

3.中國現代文學史（韓籍尹永春博士編譯，一九七四年）

4.中國現代代表詩人五人選（湖西文學特輯，韓國湖西文學會編選，一九八七年）